Geheimtips für Genießer
Venetien – Villen und Wasserwege um Treviso

Geheimtips für Genießer

VENETIEN

Villen und Wasserwege um Treviso

Aus dem Italienischen
von Isabella Schmidt

edition spangenberg bei Droemer Knaur

Die Originalausgabe ist in Italien unter dem
Titel »Treviso e i colli asolani. Acque, vapori, umori«
bei Arcigola Slow Food Editore, Bra (Cn) erschienen.
Koordination: Giovanni Ruffo, Mavi Negro
Text: Luisa Bellina
Redaktion: Paola Gho, Maria Mancuso, Mavi Negro

Gestaltung, Karten, Satz: Gabriele Klann
Zeichnungen: Mariano Gatto, Stefano Pallaro,
Gabriele Klann
Fotos: Aldo Pavan, Silvio Rossi, Tarcisio Faccin,
Luisa Bellini, Bildarchiv Foto Marburg (S. 67)
Umschlaggestaltung: Vision Creativ Design, München
Umschlagfotos: Thomas von Salomon, München;
Bavaria, Gauting
Druck und Bindung: Clausen und Bosse, Leck
Printed in Germany

ISBN 3-426-26847-7
5 4 3 2

Inhalt

Benutzerhinweise

TIPS & INFOS *Ausführliche Informationen finden Sie ab Seite 96*	In Kurzform nützliche Hinweise und empfehlenswerte Adressen für jeden Ort (Hotels, Restaurants, Osterie, Weinkellereien, Bars, Cafés, Läden, Werkstätten ...)

Essen und Trinken

Trattoria Roma	Restaurant mit guter Küche
Trattoria Roma*	Restaurant mit bemerkenswert guter Küche
Trattoria Roma**	Restaurant mit ausgezeichneter Küche, nicht versäumen

Restaurant, das uns besonders gut gefällt aufgrund seines gemütlichen Ambientes, der traditionellen Küche und der unverfälschten Gastfreundschaft

Die Karten

Voraussichtliche Dauer der Ausflüge

2 STD. mit dem Auto

2 STD. mit dem Fahrrad

2 STD. zu Fuß

2 STD. im Kanu

2 STD. zu Pferd

Abstecher

Weinberg

Olivenhain

Weinhandlung

Weinkellerei

Restaurant, Osteria

Hotel

Aussichtspunkt

historisches Gebäude

sakrales Gebäude

Mühle

Villa

Gute Gründe für einen Besuch

Eine trügerische Idylle

»Trivigi che di chiare fontane tutta ride«
(»Treviso aus seinen klaren Quellen heiter lacht«)

Treviso bietet eine heitere und freundliche Landschaft: wie in dem Gedicht von Fazio degli Uberti. So stellt sich Treviso in den Prospekten der Touristenämter selbst dar. Wir bieten Ihnen mit diesem Buch ein anderes, vielleicht weniger idyllisches Bild an.

Das Wasser, in dem sich die Seele der Region spiegelt, entzieht sich trotz seiner Trägheit jeder Festlegung. Das immer wieder aufsteigende Quellwasser folgt einer nicht zügelbaren Lebenskraft. Quellen treten zutage, wann und wo es dem Wasser paßt, und wechseln ihren Platz und verschwinden wieder. Sie helfen zur Identifizierung, selten aber zur Orientierung: Weder bilden sie eine übergreifende Ordnung, noch bilden sie verläßliche Raumstrukturen. Über weite Flächen schwimmt auf den unterirdischen Wasserregionen nur eine dünne Torfschicht.

Über Jahrhunderte hat das Wasser den Menschen ihren Lebensraum vorgegeben. Am Anfang waren es kreisförmig angelegte Dörfer mit Pfahlbauten, die vor kleinen Flüssen und Sümpfen schützten. Treviso ist in seiner Geschichte von vorrömischer Zeit bis heute immer von Wasseradern umschlossen gewesen. Die Straßen sind nicht gerade, sondern folgen dem Lauf der Flüsse und Kanäle, die das optische und akustische Bild der Städte prägen. Gebogene Linien, asymmetrische Flächen, bewegte Umrisse, wechselnde Perspektiven, komplizierte Konstruktionen bestimmen die architektonische Formensprache in den Städten.

Ein weicher elastischer Erdboden und träge sich schlängelnde Flüsse vermitteln das Bild einer variantenreichen Landschaft. Charakteristisch dafür sind vor allem klein parzellierte Felder mit bewachsenem Rain, mal Weiden, dann wieder Erlen, Schwarzbuchen, Stieleichen, Silberpappeln, Ulmen oder Maulbeerbäume. Auch wenn die kleinen Feldflächen immer mehr von maschinengerechten Maisfeldern verdrängt werden, ist der Horizont doch in Sichtweite, ja fast zum Greifen nahe. Auch die Zeit verfließt hier gemächlich und wird in kleinen Einheiten bemessen.

Giorgione, »Das Gewitter« (Ausschnitt).

Weder auf dem freien Feld noch in den engen Straßen in der Stadt hat man einen ungehinderten Blick bis zum Horizont. Die Landschaft ist überwiegend horizontal ausgerichtet. Unter einem tiefen Himmel, zwischen aufsteigenden Nebelschwaden erhellt das Licht nicht klare Umrisse, sondern nimmt den Dingen ihre Plastizität. Hier fand Giorgione die Inspiration für die diffuse, geheimnisvolle Atmosphäre seiner Gemälde. Die Komposition seiner Landschaften ist nicht rational, sondern intuitiv pantheistisch.

Wer sich auf die Merkmale der trevisianischen Landschaft einstimmen möchte, braucht keine Bücher zu lesen. Sehen Sie sich besser einige Bilder von Giorgione an, z. B. »Die drei Philosophen«, »Das Gewitter« (siehe Abb.) oder das »Ländliche Konzert«. Zarte Sinnlichkeit, fließende Farben – Blaßgrün, Dunkelblau und tiefes Smaragdgrün –, Linien, die keine Konturen bilden, sondern verschwimmen. In Castelfranco sollten Sie sich im Dom das berühmte Altarbild der Thronenden Madonna und den Fries der Casa Pellizzari (wahrscheinlich das Geburtshaus von Giorgione) ansehen: versunkene, verträumte Blicke, warme, weiche Fleischtöne, angedeutete Ränkespiele.

Der zweite Künstler, den wir Ihnen zur Einstimmung empfehlen, ist Giovanni Barbisan. In seinen Radierungen finden Sie verkürzte Horizonte, die fließende Wahrheit des Wassers und die Ungewißheit der menschlichen Seele, die Angst, sich im Labyrinth der Wälder oder Nebel zu verirren, die süße Qual des langsamen Verblühens, ein Gefühl für Luft und Licht, aber auch für die Wärme der Dinge und der Menschen.

Wer eine akustische Annäherung bevorzugt, dem empfehlen wir die Musik von Malipiero, der in Asolo lebte und sich von dieser Stadt inspirieren ließ: flüchtige, kurze und kontrapunktisch angelegte Stücke bestimmen seine Tonsprache. Vielleicht vernehmen Sie auf Ihrer Reise durch die Mark von Treviso das »Lied der Zeit«: Die ständige Bewegung und Vergänglichkeit des Wassers wie auch die Zeit sind sein Thema.

Um sich jedoch vor übermäßiger Melancholie zu schützen, sollten Sie unbedingt ein Buch von Andrea Zanzotto in die Tasche stecken: Seine Landschaftsbeschreibungen werden Sie davon überzeugen, daß es faszinierend sein kann, sich auf das grüne »Labyrinth« einzulassen und sich an der Doppeldeutigkeit dieser Landschaft zu erfreuen.

Die Villa Barbaro am Sile.

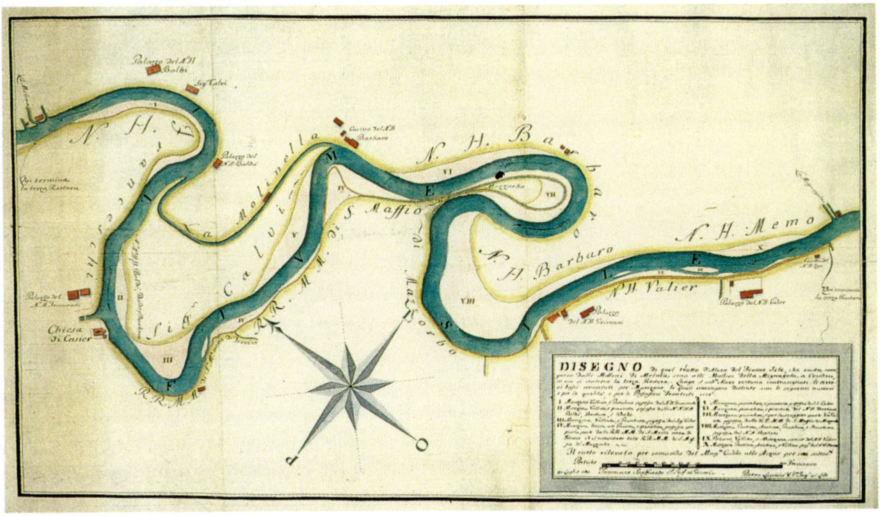

Karte vom Sile aus dem Jahre 1781, gezeichnet von Fluß- und Deichingenieuren der Serenissima.

Ein Leitfaden

Das Wasser

Das Wasser ist die wahre Seele der Mark von Treviso. Dominierend ist der Piave, dessen majestätischer Lauf sich durch die Provinz zieht und sie in zwei Teile teilt. Auf unseren Routen begegnen wir immer wieder dem Sile und einem Gewirr von kleinen Bächen und Kanälen. Der achtzig Kilometer lange Sile ist dabei ein wirkliches Kuriosum: er ist der längste europäische Fluß mit unterirdischem Verlauf. Und wie eine Traufrinne sammelt er auf seinem Weg von Ost nach West die Wasser der kiesigen Hochebene zwischen Brenta und Piave, die nach einer Abflußmöglichkeit suchen, wenn sie auf die undurchlässige Tonerde in der Ebene treffen.

Der gesamte zentrale und westliche Teil der Provinz Treviso ist von einem fein verästelten Wassernetz überzogen. Wasserstandsschwankungen sind bei Sile und seinen kleinen Nebenflüssen die große Ausnahme, und auch die Temperatur ist in der Regel das Jahr über konstant. Daher werden die Flüsse schon seit Jahrtausenden für den Schiffsverkehr genutzt. An den Ufern standen Mühlen, Villen und Kirchen. Bis Atrazin und andere Gifte in der Landwirtschaft verwandt wurden, war jedes Wasser trinkbar. Und die Flüsse hatten seltenen Fischreichtum: Forellen, Schleien, Karpfen, Aale, Hechte, Krebse und Frösche.

Die ganze Gegend war ein verzweigtes Netz aus sumpfigen Wiesen, Schilfgebieten und Springquellen. Wo das Wasser nicht ablaufen konnte, entstanden Sümpfe mit reinem Quellwasser.

Die Bauern haben den Sumpf immer bekämpft, da er ihnen kultivierbaren Boden entzog und sie an Hunger und Malaria sterben ließ. Sie glaubten an den Mythos der Trockenlegung. In den zwanziger und dreißiger Jahren dieses Jahrhunderts, zunächst ohne großen Erfolg, begann man nachhaltig in das biologische Gleichgewicht der Region einzugreifen. Der Boden sank plötzlich um fast zwei Meter. Doch das Wasser brach sich immer wieder Bahn. Quellen, die man zu ersticken versuchte, sprangen an einer anderen Stelle wieder hervor. Erst in den sechziger Jahren gewann der Mensch mit technischer Hilfe die Oberhand.
Doch der Sieg über das Wasser war ein Pyrrhussieg, wie sich herausstellte. Das natürliche Gleichgewicht der Region war zerstört. Und das gewonnene Ackerland benötigt niemand mehr. Trotzdem gibt es in dieser Gegend auch heute immer noch Menschen, die nichts anderes im Sinn haben, als die letzten verbliebenen Sumpfgebiete zu zerstören und mit offizieller Unterstützung der Bauernverbände die Einrichtung des Parco Fluviale del Sile zu behindern.
Quellflüsse sind wegen ihres konstanten Pegels, gleichmäßigen Flusses und gleichbleibender Wassertemperatur sehr geeignet für die Schiffahrt und auch für die Müllerei. Viele alte Dokumente bezeugen, daß es am Ufer des Sile und auch seiner kleinsten Nebenflüsse Mühlen gegeben hat. Zu Beginn des letzten Jahrhunderts registrierte das Napoleonische Katasteramt am Sile und seinen Nebenflüssen Hunderte von Mühlen, davon mindestens 58 innerhalb der Stadtmauern von Treviso.
Vor allem im 16. Jahrhundert, als Treviso und seine Umgebung unter die Herrschaft von Venedig fielen, entstanden hier viele Mühlen. Treviso mußte damals nicht mehr nur seine eigenen Einwohner versorgen, sondern auch Mehl für das Brot der 150 000 Bürger Venedigs und der Lagune liefern. Die Mühlen betrieben auch Papierfabriken (in Treviso gab es schon im 15. Jahrhundert einige Druckereien) und dienten den Schmieden, Gerbereien und – im Hügelland – den Stoffenwalkereien und Seidenwebereien.
Der wirtschaftliche Nutzen blieb nicht dem Zufall oder der Initiative einzelner überlassen, sondern wurde in intelligenten, weitsichtigen Plänen geregelt und von einem leistungsfähigen technischen und administrativen Apparat verwaltet. In der Mark Treviso entstand dieselbe Infrastruktur wie in der Stadt.
Die Gesetze und Bestimmungen vom 13. bis zum 18. Jahrhundert sind ein gutes Beispiel für Kultur- und Landschaftspflege: Es war zwar erlaubt, das Wasser privatwirtschaftlich zu nutzen, doch die Kommune achtete mit Auflagen darüber, daß es nicht zu Konzentrierungen kam, die den gesunden Erhalt des anerkannten Gemeinguts gefährdeten.
Wer den Sile oder seine Nebenflüsse kennenlernen möchte, sollte sich mit dem Kanu oder dem Kajak auf den Weg machen. Ohne Schwierigkeit kann man unter Umgehung der Staustufen bis zu den Quellen gelangen. Der Kanusport ist bei den Trevisanern immer sehr beliebt gewesen. Wettkämpfe gab es bereits im 18. Jahrhundert. Zu Beginn dieses Jahrhunderts wurden auch Schwimmwettkämpfe ausgetragen. Und heute noch ist der Sile bei den Jugendlichen beliebt für ihre Initiationsriten und Kraftproben. Das Wasser wird Sie auf Ihren Wegen durch die Mark von Treviso immer begleiten, von den Quellen des Sile bis zu den Kanälen, die das Leben der Stadt bestimmen, von den sagenumwobenen Quellen am Fuße des Monte Grappa bis zu dem Lebensborn, aus dem das Lebensgefühl der prachtvollen Gutsvillen entspringt, um aus ihnen – wie Palladio meinte – »Nutzen und Freude« zu ziehen.

Sehen und verstehen

Die Wahrheit ist immer im Fluß

Im allgemeinen sagt man, daß das Denken und das Verhalten der Trevisaner am besten mit zwei gängigen Redensarten charakterisiert werden: »Ich ziehe nicht in den Kampf« und »Ist auch egal«. Damit offenbart sich ihre sprichwörtliche Art, Auseinandersetzungen zu vermeiden und sich den Gegebenheiten anzupassen. Aber vielleicht ist ihre übliche Antwort auf alle Lebensfragen noch charakteristischer: »Je nachdem«, im Sinne von: »Kommt darauf an ...« Kommt auf den Reis mit Luganega eine ganze Luganega? Es kommt darauf an ... Wo entspringt der Sile? Kommt darauf an ... Gibt es Gott? Kommt darauf an ... Das heißt aber nicht, daß man nicht Position beziehen will. Es ist die angeborene Neigung, die Dinge zu relativieren. Die Wahrheit ist immer im Fluß und auf jeden Fall nie eindeutig. Nicht zufällig ist das Symbol der Stadt Treviso ein Kopf mit drei Gesichtern. Auch der Dialekt plätschert melodisch dahin. Einige Konsonanten werden abgeschwächt, andere verschleiert, Vokale werden verschmolzen und in die Länge gezogen, und das »I« wird fast verschluckt. Absolutismus und gotische Strenge sind hier nicht zu Hause. Man kann auch klerikal gesinnt und Befürworter des Tridentischen Konzils sein, ohne jede Neigung zu Mystik. Kein starkes Licht und kein dialektischer Geist, sondern eine orientalisch angehauchte Weichheit und Freude, sich ständig im Spiegel zu betrachten.

Kein Ort der Leidenschaften, aber der Genußfreude, der Schleckermäuler und Verspielten, der subtilen Bosheiten, der Sinnlichkeit, die hinter gespielter Unschuld gepflegt wird. Etwas sagen und doch nicht sagen: von den Balkonen, in den schutzbietenden Laubengängen, in den Osterien. Auch manches Schräge und Unanständige ist da im Umlauf – vor allem aus Freude am Erzählen, Zuhören und Sich-ein-wenig-Hochnehmen. Man liebt keine Dramen, sondern Melodramen und vor allem den Singsang. Das Geistreiche, nicht das Komische wird kultiviert: Selbstgefälligkeit kombiniert mit Scharfsinn, Beteiligung und gleichzeitig Distanz, aus Angst, zu sehr verwickelt zu sein. Man delektiert sich nicht am venezianischen »Fescennino«, dem anzüglichen Gesang, sondern am geistvollen Witz.

Die Urtrevisaner, die sich mit dem langsamen und süßen Verfall ihrer Stadt seit der Unterwerfung durch die Serenissima abgefunden haben, fühlen sich längst aus der Geschichte entlassen. Sie lächeln unberührt und besorgt über die neuen Invasoren: angesehene Bankiers und Möchtegernindustrielle, Selfmademen aus der Provinz, mit ihrem wild zusammengestoppelten Hofstaat; sie sehen zu, wie diese sich ihrer Häuser bemächtigen, sie mit Großmannssucht restaurieren – die Seele wird dabei vernichtet – und daraus Luxustempel machen, die dem alten Stadtbild einen ganz neuen Stempel aufdrücken. Und sie fragen sich: Ob sie wohl ebenso stilvoll verlieren können wie wir?

Tja. Kommt darauf an ...

Das Symbol Trevisos: ein Mann mit drei Köpfen.

Die Routen

Die erste Route in der Mark von Treviso führt den Oberlauf des Sile entlang, in ein einzigartiges Gebiet, das mit seinen Quelltümpeln und der typischen Sumpfflora und -fauna naturwissenschaftlich sehr interessant ist. Wer diese trägen und klaren Gewässer und das umliegende Land entdecken will, sollte sich mit dem Kanu auf den Weg machen. Der Fischreichtum wird vor allem Angler und Feinschmecker begeistern. Die Quellen kann man aber ebenso zu Fuß oder mit dem Fahrrad erkunden: zwischen Sümpfen und Bächen, in einer Landschaft, die mit Feuchtgebieten durchsetzt ist, die bis an die Tore von Treviso reichen.

Der Weg durch Treviso folgt den Flüssen und Kanälen, die seit jeher das Stadtbild bestimmen und geformt haben. Sie haben das Leben und die Bedürfnisse der Menschen und die Launen der Natur in Einklang gebracht. Reisende sollten versuchen, die märchenhafte Atmosphäre zu ergründen, die durch die unregelmäßige und heterogene Anlage von Straßen, Plätzen und Häuern entsteht. Auf einem Bummel durch Osterien und Geschäfte sowie über Märkte werden Sie die leicht spöttische Freundlichkeit der Trevisaner kennenlernen. Wenn Sie die Stadt verlassen, spazieren Sie an dem Deich entlang, der den Sile säumt.

Die dritte Route, im westlichen Teil der Mark von Treviso, schlängelt sich von Villa zu Villa, durch die Kastanienwälder und Obsthaine der Hügel von Asolo bis zu den Hängen des Monte Grappa. Auf den sogenannten Foresti, den alten Straßen, die aus der Ebene hinausführen, gelangt man bis zum Gipfel des Hügels von Asolo, der durch seine ideale Kombination von künstlicher und Naturlandschaft besticht: Hier atmet man noch die Luft der alten Höfe, auf denen Müßiggang und Gastfreundschaft zu Hause waren. Die Hochebene des Monte Grappa ist auf vielen Wegen zu Fuß oder mit dem Mountainbike erreichbar. Dort können Sie in den Almen Milch, nach Thymian und Kohlröschen duftenden Käse sowie Gerichte, die nach Wald- und Wiesenkräutern schmecken, probieren.

Den Sile entlang: von den Quellen bis nach Treviso

Treviso: die Stadt und ihre Flüsse

Asolo: die Villen und der Monte Grappa

Den Sile entlang

Ausgangs- und Zielort:
CASACORBA

Länge:
4,5 KM

Voraussichtliche Dauer des Ausflugs:

2 STD.

2 STD.

2 STD.

Auf der Suche nach den Quellen

Auf der Suche nach den Quellen
Im Wald zwischen Quelltümpeln

Keiner weiß, wo genau der Sile entspringt. Er hat zahlreiche Quellen, und sie ändern ständig ihre Lage. Man kann nicht mit dem Finger darauf zeigen und sagen: Das ist der Ursprung des Sile. Es gibt nicht die »eine Wahrheit«, sondern ein undurchschaubares Gewirr von Quellen und Wasseradern in einer feuchten Landschaft. Die Erde verschluckt hin und wieder Wasserläufe und spuckt sie ohne System an anderer Stelle wieder aus. Vielleicht aber folgt das Ganze einer geheimen Ordnung, die wir nicht verstehen können. Dennoch kann man trotz dieser unfaßbaren Topographie versuchen, zu Fuß oder mit dem Fahrrad die Gegend zu erkunden, vor allem im Winter oder im frühen Frühjahr, wenn der Boden leichter begehbar ist und weniger Brombeersträucher und Sumpfgräser den Weg behindern.

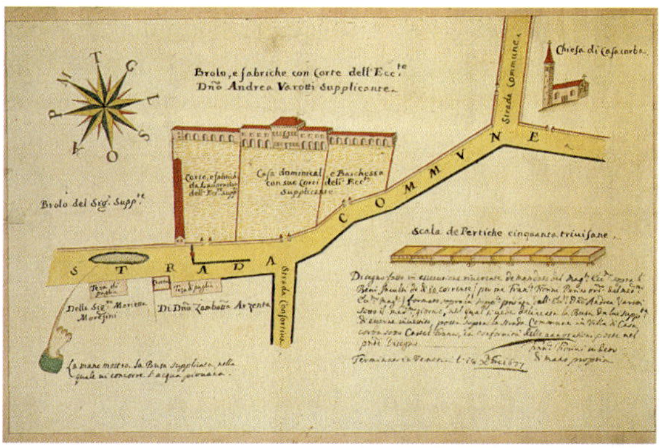

Diese Karte (die wie die vorherigen und die folgenden im Archivio di Stato di Venezia aufbewahrt werden) wurde im Jahre 1677 von einem Grundbesitzer aus Casacorba gezeichnet. Er ersuchte um die Genehmigung, Regenwasser in einer Grube auffangen zu dürfen, um damit die Tiere zu tränken.

Mit dem Auto erreicht man über die Staatsstraße Treviso–Castelfranco, indem man etwa 20 km westlich von Treviso nach links in die Straße nach Alberedo–Cavasagra biegt, **Cavasagra** und die Villa Corner. Die monumentale Villa, im 18. Jahrhundert im palladianischen Stil erbaut, beherbergt heute ein Luxus-Country-Hotel. Das Hotelrestaurant ist in der »limonera«, dem Zitronengewächshaus, untergebracht, die Laubengänge sind zu Appartements umgebaut. Kurz hinter der Villa kreuzt links die Via Sile. Nach einem Kilometer, in **Casacorba,** biegt man links in die Via Munaron ein. Am besten lassen Sie Ihr Auto in der Nähe des Restaurants Munaron, das Anfang der siebziger Jahre genau auf einem Quelltümpel erbaut wurde, stehen. Hierzu benötigte man, wie berichtet

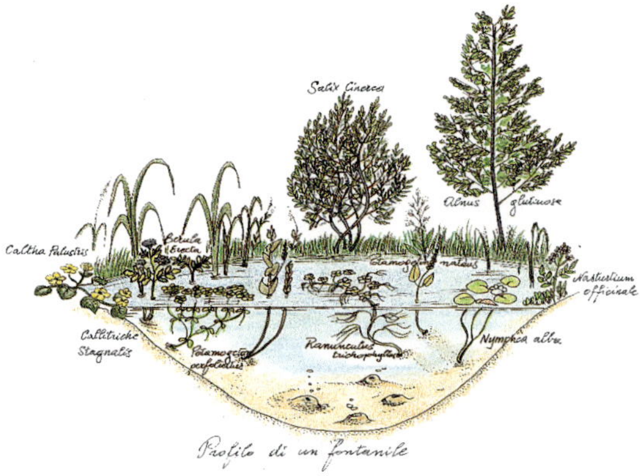

Die Quelltümpel (hier ein idealtypischer Querschnitt), charakteristisch für das Quellgebiet des Sile, haben eine besonders interessante und vielseitige Flora.

wird, »einige Lastwagen Kies. Die Quelle rebellierte gegen die, die sie nach Jahrtausenden ersticken wollten«.

Bei der Hausnummer 7 mündet eine private Schotterstraße ein, die man nur zu Fuß, mit dem Fahrrad oder zu Pferd benutzen kann. Man gelangt an den Sile, der hier ein schmales grünes Flüßchen ist. Er fließt zwischen den Feldern, eher widerwillig eingebettet in eine Mondlandschaft, wo nur Maisanbau betrieben wird: Im Winter enthüllt die nackte, schwarze Erde ihren morastigen, torfigen Charakter. Wenige hundert Meter entfernt, auf der rechten Seite, entdeckt man einen Wald mit hohen Erlen, Steinbuchen, Holunder und einigen alten Eichen, das Ganze gesäumt von Schilfrohr.

Man verläßt den Sile und gelangt in Eichenwälder, die einstmals wohl hier das Landschaftsbild prägten. Mitten im Wald stoßen Sie auf einen runden Quelltümpel: Zwischen den langen und glänzenden Zungen des Laichkrauts, den wogenden Hütchen und den grünen Röschen der Wassersterne, den schwimmenden Brunnenkresse- und Linsenkissen rauscht und schäumt das Wasser und verrät damit die nahen Quellen. Danach geht der Weg in Richtung des von Menschen angelegten Pappelhains, dem wir so lange auf der rechten Seite folgen, bis wir zu einer isoliert stehenden Stieleiche gelangen. Die Pappeln werden von Erlen und mächtigen Platanen abgelöst: Hier treffen wir auf einen dunkelgrünen Wassergraben, in dem kreisrunde, helle, schäumende Sandflecken auffallen. Ist dies der mysteriöse Ort, an dem wir die Urquelle aller Wasseradern erahnen können? Dem ist nicht so! Es handelt sich zwar um unterirdisches Wasser, aber nicht sehr tiefes (das Schichtwasser bewegt sich nicht einmal einen halben Meter unter der Oberfläche). Und vor allem ist es umgeleitetes Wasser. Zum größten Teil stammt es vom Piave und aus den lehmigen Schichten des Unterbodens. Das stille Rauschen der Quellen hat eine beruhigende Wirkung. Die Legenden dieser Gegend erzählen, daß diese Strudel, die einst viel größer waren, Karren, Kutschen und böse Frauen verschlangen und nur unschuldige Kinder und eine Hündin verschonten, die heute noch in den Wäldern spukt.

Eine wilde Orchidee, wie man sie häufig in den feuchten Wiesen rund um den Sile findet.

Wir folgen weitere hundert Meter dem von Pappeln gesäumten Weg, bis wir auf eine merkwürdige Landschaftsformation treffen: eine Reihe kleiner ungeometrischer Felder, feucht und von sattem Grün, die wie ein Puzzle erscheinen. Sie werden eingeschlossen von Eichen, Erlen, Buchen, Faulbäumen und Weiden (der ursprüngliche Baumbestand), welche doppelreihig gepflanzt die Wassergräben schützen. Diese Baumreihen, sogenannte Prese, sind seltene Beispiele aus der Historie der Landwirtschaft, Überreste der ersten Trockenlegung des Gebiets im 18. Jahrhundert. Wir biegen links ab, in eine breitere Schotterstraße, die das Wasser einer anderen Karstquelle, des Zero, säumt, der wenige hundert Meter vom Sile entfernt entspringt. Wir gelangen zu der alten Casera, ein Gebäude, das über Jahrhunderte Zufluchtsort der Hirten war. Es handelt sich um typische Bauernarchitektur nach immer demselben Muster: Lichteffekte von Hell und Dunkel, Öffnungen auf dem Mauerwerk der Fassade, die nach Süden zeigt, um die niedrigen Sonnenstrahlen im Winter aufzufangen und im Sommer geschützt zu sein. Wir lassen die Casera rechts liegen und überqueren den Sile auf einer Brücke aus losen Holzbohlen. Kurz danach befinden wir uns wieder auf dem Weg, von dem wir gestartet sind.

Dea Reitia, die Urgöttin der Venezianer, in der Darstellung auf einer Münze aus dem 5. Jahrhundert v. Chr.

Weiblichkeitskulte des Flusses

Neben den zahllosen Schichtquellen gibt es künstlich angelegte Quelltümpel. Man erreicht sie mit dem Auto in der Via Brigida (zwischen Casacorba und Torreselle). Die Gegend wurde von einem Privatmann als Picknickgelände entworfen. Passionierten Ethnographen empfehlen wir dringend einen Besuch. Ein kleiner Madonnenaltar mit dem Foto eines verstorbenen Kindes ermahnt, die Gewässer, Pflanzen und die Madonna zu achten. Hier kommt mehreres zusammen: der Kult des Hausgottes und die Verehrung der antiken Gottheit des Weiblichen, auf der die Religion der alten Venezianer gründete. Die Göttin Reitia wurde dem Wasser zugeschrieben. Entlang des gesamten Laufs des Sile finden wir Spuren dieser Weiblichkeitskulte. Wir wissen von Madonnenlegenden, die erzählen, daß die Angebeteten, in weite Mäntel gehüllt, mit langen Haaren, zwischen Bäumen und heiligen Tieren an den Ufern als Statuen auftauchten. Sie wurden in die Dorfkirchen gebracht, doch kehrten sie nachts wieder an den Fluß zurück. So mußten die Gläubigen an den Dämmen Säulen, kleine Kapellen und »heilige Bäume« errichten, die zum Ziel ihrer Bittgänge, Rosenkranzgebete und Prozessionen wurden. Noch heute gibt es entlang des Sile alle zwei Kilometer eine kleine Kapelle. Diese weibliche Figur, Padrona und Schutzgöttin des Sile, Mittlerin zwischen Wasser und Mensch, nimmt neben der Madonnengestalt manchmal in der allgemeinen Vorstellung auch das Aussehen der Fada Moresca an, einer lokalen Lorelei mit grünem Haar. Sie lebt im Sile und läßt jeden, der sie erblickt, zu Stein erstarren.

Ausgangs- und Zielort:
CASACORBA

Länge:
2,5 KM

Voraussichtliche Dauer des Ausflugs:

1 1/2 STD.

Wo der Fluß entspringt

Wo der Fluß entspringt

Lichte Wälder und seltene Wassergräser

Von den künstlichen Quelltümpeln (s. Seite 19) kann man zu Fuß zu den natürlichen Quellen laufen. Der Weg ist aber nur für diejenigen zu empfehlen, deren Kleidung Feuchtigkeit und Dornengestrüpp standhält. Es ist ein wunderschöner Spaziergang mitten durch die Wildnis.

Parken Sie Ihr Auto in der Nähe des Picknickplatzes (Gianni dei Cavai ist sehr gastfreundlich und hat immer Brennholz für die Touristen). Auf der anderen Seite des Zauns überquert man auf einem Baumstamm einen Wassergraben. Auf den eingezäunten Grundstücken sollte man ständig darauf achten, daß der Torfboden manchmal gefährlich nachgibt. Schon bald erreichen Sie die Corbetta, den ersten, kleinen Nebenfluß des Sile, der ebenfalls ein Quellfluß ist, und laufen an ihm entlang. Mit bloßem Auge kann man nicht erkennen, wo hier die Wiese aufhört und die Wassergräser anfangen: Die Rohrkolben und andere Wasserpflanzen, die auf der Wasseroberfläche schwimmen, aber tief im Boden wurzeln, bieten den Vögeln Schutz. Der Weg führt durch einen Weidenhain und mündet dann in feuchtes Grasland: Riedgras, grüngraue Pfeifengrasbüschel mit spitzen, purpurfarbenen Ähren, Binsenbüschel mit glänzenden, schwärzlichen Kapseln, und, im Frühling, die rosafarbenen »Schirme« der blühenden Binsen. Wer sucht, kann auch viele Arten wilder Orchideen entdecken (wir verraten aber nicht wo): die duftende *Gymnadenia conopsea,* die grüne *Platanthera chlorantha,* die nach Vanille duftet, die *Epipactis palustris* und die »Totenmännerfinger«, die sich Ophelia in ihre »phantastischen Kränze« aus Hahnfuß, Nesseln und Maßlieb wand: Als sie versuchte, ihr Laubgewinde an den gesenkten Ästen einer

Einer der vielen Quelltümpel, die das Quellgebiet des Sile charakterisieren.

TIPS & INFOS

Ausführliche Informationen finden Sie auf Seite 100f.

CASACORBA

22 km von Treviso
Einwohner: 1074
Höhe: 31 m ü. d. M.
Postleitzahl: 31030
Vorwahl: 0423

Informationen

Municipio di Vedelago
Tel. 40 08 22

ÜBERNACHTEN

Villa Corner della Regina
Via Corriva, 10
Tel. 48 14 81

ESSEN

Munaron
Via Munaron
Tel. 45 11 43
Montags geschlossen

Weide aufzuhängen, fiel sie in das »weinende Gewässer« und ertrank, indes sie alte Weisen sang, »wie ein Geschöpf, geboren und begabt für dieses Element«.
Nach einem Hain mit Brombeersträuchern, Schilfrohr, Weiden und Erlen überquert man auf wackligen Baumstämmen einen Bach und gelangt in einen lichten Pappelwald, dessen geschraubte Wurzeln aus der Erde treten: Nach einem Hexenhäuschen sucht man hier vergebens, aber verirren kann man sich auf jeden Fall, wenn man vergißt, eine Spur auf dem Weg zu hinterlassen. Die schwarzen Pappeln, von denen im Frühling karminrote Kätzchen herabhängen, entwickeln weite kuppelförmige Baumkronen. Furchterregend rascheln die weißen Pappeln mit ihrer glänzenden weißen Rinde und ihren gewundenen hängenden Ästen im Regen. Mitten im Wald droht ein Quelltümpel uns zu verschlingen. Ein lebender Baum bildet die Brücke über die Corbetta, die den zugewachsenen Wald von den eintönigen, baumlosen Maisfeldern abgrenzt. Der undurchdringbare Wald macht weniger angst als die endlosen Maisfelder. Meist sind es die Brombeeren, die uns davon abhalten, einen Weg einzuschlagen, der in das moorige Gebiet zurückführt. Wir gehen nach links, der angepflanzte Pappelhain dient dabei zur Orientierung. Bei der isoliert stehenden Sommereiche kreuzen wir die erste Route: auf der linken Seite wieder der Eichenwald, auf der rechten die Gruppe von Erlen und Platanen, in der sich die schönste Quelle mit den hellen Sandaugen verbirgt. Am Ende des Weges biegt man nun aber nicht nach links in Richtung Zero ab, sondern nach rechts. Nach etwa fünf Minuten auf der asphaltierten Via Brigada landet man nach der Überquerung des Canale di Gronda wieder bei den künstlichen Quelltümpeln.

Kanu und Kajak sind die besten Fortbewegungsmittel, um das wahre Leben des Flusses zu ergründen.

Radicchio rosso di Treviso

Er ist bestimmt das typischste und bekannteste Produkt der Landwirtschaft in Treviso, eine einzigartige Pflanze, die wir den besonderen Klima- und Bodenbedingungen sowie ausgeklügelten Anbaumethoden, die im Laufe der Jahre perfektioniert wurden, verdanken.

Es gibt zwei Sorten von rotem Radicchio: den »frühen«, der größer und schöner, aber weniger kostbar ist und im Oktober geerntet wird, und den »späten«, dicker und runder, der im November, nach dem ersten Forst geerntet wird.

Nach der Ernte wird der Radicchio in Bündeln zusammengefaßt und zur »Vorbehandlung« ganz dunkel gelagert. Danach wird er in Wannen mit frischem Quellwasser gelegt. Bei dieser sogenannten »Behandlung« bildet sich der innere Keim mit weißem Herz und roten Blättern. Dann kommt der Radicchio einige Tage zum langsamen Trocknen in den temperierten, dunklen Stall. Er wird mit einer Laubschicht bedeckt, so daß sich das Grün der Blätter immer mehr verliert und sich in eine kräftigere rote Färbung verwandelt. Dieser Prozeß wird als »Feinbearbeitung« bezeichnet. Darauf folgt die »Säuberung«: Die äußeren Blätter werden entfernt, die Wurzeln gesäubert, und der Schößling, der später verkauft werden soll, wird freigelegt. Zu den besten Produktionsgegenden für Radicchio zählen der Oberlauf des Sile, der Dosson und der Preganzio bis nach Treviso.

Versuche, den Radicchio Rosso di Treviso auch anderswo anzubauen, hatten bislang keinen Erfolg: Grund dafür ist die gleichbleibende Temperatur des Quellwassers gegen Ende August und die Zusammensetzung der Nährstoffe in dem torfhaltigen Boden. Beides ist unabdingbar für den Prozeß des »Weißens« und sorgt dafür, daß die Blätter knackig sind und eine wunderschöne kupferrote Farbe bekommen.

Nach der Ernte wird der Radicchio gebündelt.

Angeblich wurde das Verfahren gegen Ende des letzten Jahrhunderts von einem Belgier namens Francesco Van den Borre (seine Nachfahren sind bis heute bekannte Gärtner in Treviso) eingeführt. Es gelang ihm, eine Synthese aus den Techniken des »Weißens« des Chicorées und der traditionellen Anwendung des »Weißens« im Veneto für gewisse Wintergemüse wie Distel oder Sellerie herbeizuführen.

Der rote Radicchio wird in der Gegend der aufsteigenden Quellen auf einem tonhaltigen stickstoffarmen Boden angebaut, der nicht gedüngt wird, so daß der Wuchs der Wurzeln größer ist als der der Blätter. Am besten schmeckt er als Salat mit Olivenöl und ein wenig Pfeffer oder mit einer leichten Vinaigrette. Nicht zu verachten ist er auch mit sehr heißem fetten oder durchwachsenen Speck. Im Backofen oder auf dem Grill wird er weich und erhält so einen leicht bitteren und runden, sehr angenehmen Geschmack. Man kann ihn auch zu Püree für Pasteten, Aufläufe oder Pfannkuchen verarbeiten. Für Risotti oder Saucen wird er gebraten. Von Dezember bis Februar gibt es in Treviso und Umgebung verschiedene Verkaufsmärkte für Radicchio rosso.

Ausgangsort:
CASACORBA

Zielort:
TREVISO

Länge
22 KM

Voraussichtliche Dauer des Ausflugs:

2 STD.

1/2 TAG

Am Ufer entlang

Von den Quellen des Sile über Badoere, Morgano und Quinto nach Treviso

Am Ufer entlang

Brücken, Plätze, Mühlen

Nachdem wir auf der Suche nach den Quellen des Sile waren, zwischen Quelltümpeln, Wäldern und Wassergräsern, folgen wir nun dem Oberlauf des Flusses bis nach Treviso. Wir kommen durch ein ausgesprochen ungewöhnliches Gebiet, wo die Natur, die oft recht willkürliche Eingriffe von Menschenhand über sich hat ergehen lassen müssen, sich ihre Rechte zurückerobert hat und sich stellenweise wieder in ihrer ursprünglichen Art darbietet. Am schönsten ist dieser Ausflug im Frühjahr, wenn es noch kühl ist und die erste Blüte den Zauber der Landschaft unterstreicht.

Der runde Platz von Badoere.

In Casacorba erreicht man die Brücke der Via Munaron (etwa hundert Meter hinter dem Restaurant Munaron). Nach wenigen Schritten biegt man links in eine Schotterstraße ein (wenn Sie keinen Jeep haben, fahren Sie bitte vorsichtig) mitten durch ödes trockengelegtes Gebiet mit versprengten Resten ursprünglicher Natur: zwei tiefe Karstquellgebiete, dunkel und sattgrün mit Wassergräsern bewachsen; Moorreste; hier und da ein Reiher und andere Wasservögel; Möwen, die über einer Forellenzuchtanlage kreisen.

TIPS & INFOS

Ausführliche Informationen finden Sie auf Seite 103

FANZOLO

21 km von Treviso
Einwohner: 874
Höhe: 61 m ü. d. M.
Postleitzahl: 31050
Vorwahl: 0423

Informationen

Municipio di Vedelago
Tel. 40 08 22

ÜBERNACHTEN

Antica Postumia
Via Monte Grappa
Tel. 47 62 78

EINKAUFEN

Pasticceria Zizzola
Via Artesini, 50

TIPS & INFOS

Ausführliche Informationen finden Sie auf Seite 105

MORGANO

15 km von Treviso
Einwohner: 3128
Höhe: 34 m ü. d. M.
Postleitzahl: 31050
Vorwahl: 0422

Informationen

Municipio
Tel. 73 90 23

ESSEN

Eredi Schiavon
Via Campagna, 2
Tel. 7 37 01
Mittwochs geschlossen

TIPS & INFOS

Ausführliche Informationen finden Sie auf Seite 106f.

PREGANZIOL

7 km von Treviso
Einwohner: 11189
Höhe: 12 m ü. d. M.
Postleitzahl: 31022
Vorwahl: 0422

Informationen

Municipio
Tel. 33 08 14

ÜBERNACHTEN

Park Hotel Bolognese Villa Pace
Via Terraglio, 175
Tel. 49 03 90; grüne Nummer: 16 78 – 6 13 80

ESSEN

Enoteca Ombre rosse*
Via Franchetti, 78
Ortsteil San Trovaso
Tel. 49 00 37
Sonntags geschlossen

EINKAUFEN

Radicchio rosso

Elia Gatti
Via Baratta Vecchia, 26
Ortsteil San Trovaso

Ferdinando Menegazzi
Via Schivonia, 90 c

Man läuft am Sile entlang bis zum Ponte dei Tre Confini, auch Ponte Rosso genannt (s. Seite 30). Hier verläßt man die Straße, um nach rechts Richtung **Badoere** zu fahren. Dort gelangt man auf einen großen, runden Platz mit Bogengängen. Die Anlage ist eher als Wiese oder grasbewachsene Tenne zu bezeichnen, die in ihrer weiten Leere überdimensioniert erscheint, denn als konventionellen Platz. Sie wird von der Straße zweigeteilt und auf einer Seite von einem niedrigen, regelmäßigen halbkreisförmigen Gebäude mit rhythmisch aufeinanderfolgenden Arkaden begrenzt. Auf der anderen Seite liegt ein weniger klar herausgebildeter Halbkreis. Er setzt sich ebenfalls aus niedrigen Häuschen zusammen, in denen sich das Spiel von gefüllten und leeren Arkadenbögen – wenn auch nicht so regelmäßig wie auf der gegenüberliegenden Seite – fortsetzt. Nach einem aufklärerischen Projekt der Barone Badoer war der gesamte Platz für einen jahrhundertealten Markt bestimmt. Der Palazzo der Familie Badoer wurde von aufgebrachten Bauern während der Kämpfe um die Landwirtschaftsabkommen im Jahre 1920 in Brand gesetzt und völlig zerstört.
Auch heute noch wird jeden Montag auf dieser Piazza Markt abgehalten. Die weit größere Attraktion ist aber der Trödelmarkt, der jeden ersten Sonntag im Monat stattfindet: Von Sonnenaufgang bis Sonnenuntergang füllen sich die Bogengänge und der grasbewachsene Platz mit den Bänken der Händler, denen es gelingt, jene Objekte als wertvolle und gesuchte Ware anzubieten, die jetzige Käufer – Symbol des Wohlstands – vor wenigen Jahrzehnten voller Verachtung weggeworfen hatten.
Badoere hat sich auch zum Spargelgebiet entwickelt. Zwar wird die Pflanze hier nicht nach alter Tradition wie in Bassano angebaut (man begann erst in den sechziger Jahren), doch der Ort ist dabei, sich auf Spargelsorten zu spezialisieren, die sich für seine Böden besonders gut eignen. Jede Familie baut Spargel an, und im April und Mai findet man an jedem Haus ein großes handgeschriebenes Schild, das zum Einkauf einlädt. Am 1. Mai findet eine Messe statt, auf der man den gekochten Spargel mit harten Eiern probieren kann. In den Osterien und Trattorien der Umgebung wird er auch mit Rührei (»coi ovi strapassai«) angeboten, in einer Frittata oder in Risotto. Die besseren Restaurants hingegen verarbeiten ihn zu Aufläufen und Mousse, Saucen und Cremes, Gnocchetti und Pfannkuchen, zusammen mit Austern

und Krebsen, Krabben, Jakobsmuscheln und Königskrabben.
Von Badoere führt der Weg nach **Morgano:** Eine weitere Brücke über den Sile bringt uns zunächst auf das linke Ufer, dann geht es weiter in Richtung der Insel Santa Cristina (s. Seite 34). Mit dem Mountainbike ist es einfacher, dem Fluß über Feldwege und Dämme zu folgen, während man mit dem Auto immer wieder Umwege machen muß. In **Quinto,** kurz bevor man die Piazza erreicht, führt die Via Rosta (auf der rechten Seite, in der Kurve) zum Lago Superiore. Folgt man hingegen der Via Ciardi, trifft man kurz vor der Piazza del Municipio auf die Locanda Righetto. Auf der anderen Seite der Noalese ermöglicht uns eine Rast mit Eis im Al Mulino einen kurzen Spaziergang am Ufer des Lago Inferiore. Zur Orientierung empfehlen wir, den Hinweisen des Kanuausflugs zu folgen.
Wenn Sie sich an diese Route halten, fahren Sie Richtung Treviso weiter. Wer hin und wieder anhält, kann beobachten, wie aus dem schmalen Wasser allmählich ein ausgewachsener Fluß wird. Es geht links um die Chiesa di Quinto herum, dann eine kleine Straße (die mit einem Schild »Zugang zum Fluß« ausgewiesen ist) durch ein Wäldchen mit Akazien und alten Weiden zum Lago Inferiore. Man fährt vorbei an der Kirche von **Canizzano,** einem Pfahlbau mit schöner Fassade aus dem 15. Jahrhundert. Im Schutz der Ringmauern des Militärflughafens führt die Strada di Mure zu den Überresten der gleichnamigen Mühlen, die vor einem Jahrzehnt nach einem grausamen Brand ihren Betrieb einstellen mußten. Daneben, am Flußufer, steht das Restaurant Ai Mulini. Kleine Brücken ermöglichen einen kurzen Spaziergang entlang der Via Monica auf der anderen Seite des Flusses, wo sich der Sitz des Kajak-Vereins befindet.
Auf dem rechten Ufer des Sile geht es weiter Richtung **Sant'Angelo.** Linker Hand, etwas höher gelegen als die Felder, steht die schöne Kirche, deren Fassade zum Fluß zeigt. Ringsherum führt ein Weg an einem Moor mit Quelltümpeln entlang.
Zurück auf der Hauptstraße, kommt man unter der Umgehungsstraße durch. Man folgt der Straße nach Sant'Angelo und dem Viale Cacciatori und gelangt so zum Ponte de Fero, wo der Sile Treviso erreicht und nun an der Altstadt entlangfließt.

TIPS & INFOS

Ausführliche Informationen finden Sie auf Seite 107f.

QUINTO

6 km von Treviso
Einwohner: 8498
Höhe: 17 m ü. d. M.
Postleitzahl: 31055
Vorwahl: 0422

Informationen
Municipio
Tel. 37 11 61

ÜBERNACHTEN

Locanda Righetto
Via Ciardi, 2
Tel. 37 91 01

Locanda Stella d'Oro
Via V. Emanuele, 38
Tel. 37 98 76

ESSEN

Righetto*
Via Ciardi, 2
Montags geschlossen

La Rosta
Via Rosta, 26
Tel. 37 09 72
Mittwochs geschlossen

EINKAUFEN

Mehl
Molino Rachello
Via Rosta

Mit dem Kanu Richtung Stadt

Ausgangsort:
CASACORBA

Zielort:
TREVISO

Länge:
21 KM

Voraussichtliche Dauer des Ausflugs:

4–5 STD.

Wanderung:

QUINTO DI TREVISO

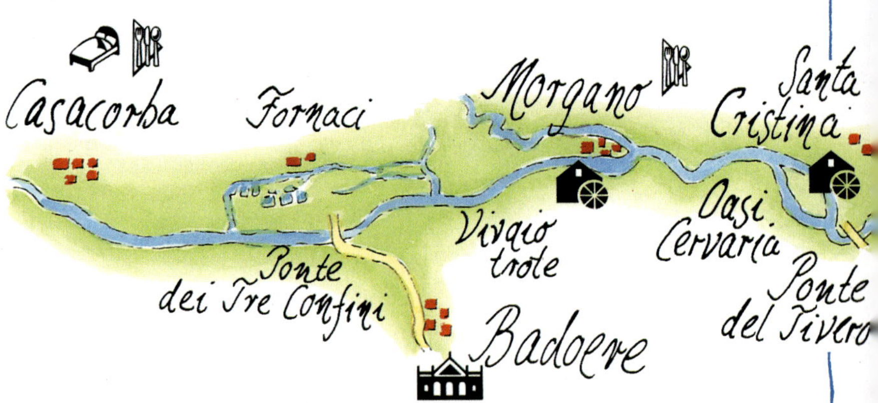

Auf bedächtigen Wasserwegen

Mit dem Kanu Richtung Stadt

In der geeigneten Jahreszeit (am besten zwischen März und Mai, denn im Sommer behindern die Sumpfgräser) kann man mit dem Boot besser als mit jedem anderen Fortbewegungsmittel den Fluß kennenlernen und genießen. Das einzig Hinderliche sind die Absperrungen durch die Mühlen und Wasserkraftwerke, die häufig eine Umsetzung erfordern. Wir empfehlen deshalb leichte Wasserfahrzeuge wie Kajak oder Kanu. Man kann bereits nahe der Quellen starten und dann den verschiedenen Wasserwegen durch das Rohrschilf folgen. Hier werden Sie schreiende Teichhühner, Taucher und andere Wasservögel auffliegen sehen. Vogelstimmen schallen aus den schillernden Binsenbüscheln hervor.
Hinter der Brücke der Via Munaron beginnt eine begradigte Strecke, an der aber noch Reste des ursprünglichen Moors überlebt haben. Man fährt an einer Forellenzuchtanlage vorbei: Fischreiher und wilde Enten

leben zusammen mit Schwärmen hysterischer Möwen, die von den Forellen angezogen werden. Wenig später erreicht man den alten Ponte dei Tre Confini, der zwei ehemalige Mühlen verbindet. In der einen, die rot verputzt ist (daher auch »Brücke am roten Haus«), wurde Getreide gemahlen, in der anderen Mais. Hier startet an einem Sonntag Mitte April die Pagaiata di Primavera, die jedes Jahr vom Kajak-Verein organisiert wird. Es handelt sich dabei um einen fröhlichen Ausflug mit dem Boot, keinen Wettkampf, an dem Menschen jeden Alters teilnehmen. Beim **Barbasso** weitet sich der Flußlauf erstmals zwischen Binsendickicht und Röhricht zu einer Art Wasserlichtung. Hier sind Teichhühner, Enten und Schwäne zu Hause, auf die man während der Brutzeit besonders Rücksicht nehmen sollte, um unliebsame Angriffe zu vermeiden.

Diese Karte aus dem Jahre 1710 zeigt die »Brücke am roten Haus« mit den beiden Mühlen, die es auch heute noch gibt. Hier startet die »Pagaiata di Primavera«, die vom Kajak-Verein Treviso veranstaltet wird.

Kurz danach kommt man in die **Oase di Santa Cristina** – 24 Hektar Sumpfgebiet zwischen dem Sile und seinem Nebenfluß Piovega –, die man außer während der Brutzeit nach vorheriger Absprache mit dem Gruppo Ecologico Tiveron mit dem Kanu befahren kann (s. Seite 34). Von der Brücke des Tiveron an windet sich der Fluß wieder in engen Schleifen durch üppige Vegetation: Erlen und Weiden, die ins Wasser hängen und grüne Grotten bilden. Doch immer wieder trifft man auf die Anlagen von Forellenzüchtern, die leider die Ufer »verzehren«. Das klare und sauerstoffreiche Wasser des Sile wird in Becken abgeleitet und dann mit organischem Müll und Tierfutter angereichert zurückgeleitet. Kurz vor der Noalese, der Staatsstraße, die Padova und Treviso verbindet, wird der Fluß breiter und scheint sich in einen See zu verwandeln. Dieses natürliche Staubecken, der sogenannte **Lago Superiore**, hat eine Fläche von 13 Hektar und ist an manchen Stellen 30 Meter tief. Es entstand durch übermäßige Kiesgewinnung vor einigen Jahrzehnten, der jetzt glücklicherweise Einhalt geboten wurde. Das Projekt Parco del Sile möchte den Eingriff der Menschen in die Natur unterbinden und plant die

Wiederansiedlung und den Schutz von Tier- und Pflanzenarten, die typisch sind für das Feuchtgebiet. Darüber hinaus sollen Naturwanderwege mit Plattformen zur Beobachtung der Tiere angelegt werden, die die Oase di Santa Cristina mit dem Lago Superiore verbinden. Aber das ist Zukunftsmusik.
Wasser und Luft stehen hier. Die Ruhe wird durch nichts gestört. In den Herbst- und Winternebeln verwischen sich die Konturen, die Farben verblassen, und die Ufer sind nicht mehr auszumachen. In Wirklichkeit wird der »See« von zwei Mühlen begrenzt, die durch einen Fußweg verbunden sind. Die Ranchello-Mühle ist noch in Betrieb, die andere wurde kürzlich in eine Pizzeria/Restaurant umfunktioniert: Die Terrasse vom La Rosta eignet sich sowohl für erholungsuchende Müßiggänger als auch für Naturfreunde, die mit Fernglas und Handbüchern bewaffnet sind. Hinter den Mühlen wird das Flußbett dann schmaler. Kurz vor dem **Ponte della Noalese** stoßen Sie auf die Locanda Righetto. Hier können Sie die Fische, die Sie bisher im klaren Wasser beobachtet haben, verspeisen.

Dieser Ausschnitt aus einem Fresko in der Chiesa di San Nicolò in Treviso zeigt, daß die Region schon immer fischreich war. In den Flüssen, Kanälen und Teichen der Landhäuser und Villen tummelten sich Hechte, Schleien, Karpfen, Äschen, »Marcandole«, Aale und Krebse. Der Fisch wurde sofort nach dem Fang fritiert, zur Konservierung sauer eingelegt oder geräuchert oder folgendermaßen zubereitet: Fritiert, mit Essig beträufelt, mit Knoblauch gewürzt und dann in einem geschlossenen Topf, so daß sich die Essigdämpfe nicht verflüchtigten, auf Holzglut gebraten. Die Marcandole, kleine Flußsardinen, sind fritiert äußerst delikat und knusprig. Der Hecht wird 12 Stunden in einer Mischung aus Essig, Knoblauch und Fenchel mariniert, bevor er auf dem Rost gebraten oder fritiert wird. Er ist aber vor allem im Auflauf und in Soufflés oder in Maisklößchen, mit Muskatnuß und Ingwer gewürzt, sehr beliebt. In den Villen verarbeitete man ihn zu hervorragenden Pasteten, mit Flußkrebssauce. Und er wird auch, wie die Schleie oder der Aal, in Weinsud mit Lorbeer, Gewürznelke und Zitronat gekocht und mit einer Sauce mit Zitronat und Rosinen (oder frischen Trauben) serviert. Die Schleien werden auch gefüllt. Beliebt sind auch Frösche, in Alkohol eingelegt oder fritiert, im Risotto oder als Froschsuppe.

Nachdem man bei der Locanda Righetto das Ufer gewechselt hat, kann man jenseits des Ponte della Noalese beim Eiscafé Al Mulino oder bei der Mühle Bordignon einschiffen. Hier wird der Fluß wieder zum See: 18 Hektar fast stehendes Gewässer mit grünen Inselchen. In **Nogaré** (der Name kommt von *nogari, noci* = Walnußstrauch: Die hiesige Ortsnamenskunde läßt auf Waldreichtum und Vielfalt im Mittelalter schließen), in **Canizzano** und dann in **Mure** säumen große verlassene Mühlen das Ufer. Die Laufstege sind schlecht erhalten, so daß man sein Boot problemlos umsetzen kann. Auch im Restaurant Ai Mulini, gegenüber dem Kajak-Verein

Seitenarm des Sile.

in einer alten Mühle untergebracht, kann man sehr guten Fisch essen.

Zwei Kilometer weiter flußabwärts, zwischen weiteren Quelltümpeln und Sümpfen, steht auf einem grünen Kirchplatz die Chiesa di **Sant'Angelo** mit schöner gotischer Fassade. Kurz danach mehren sich die Zeichen, daß man sich der Stadt nähert. Vororte und schöne Villen, deren Gärten zum Fluß hin abfallen, moosbewachsene Treppen, Brücken. Man fährt unter dem Ponte Ottavi hindurch, dann unter dem Ponte de Fero und dem Ponte De Gasperi. Wer einen Spaziergang durch die Stadt machen möchte (s. Seite 40 ff.), kann das Kanu beim Ruderverein vor dem Ponte di San Martino »parken«. Man kann sich in Treviso zwar auch im Kanu vorwärtsbewegen, aber das ist sehr unbequem, da man sein Boot häufig umsetzen muß.

DER SILE – TIPS & INFOS

Wenn Sie das zauberhafte moorige Quellgebiet des Sile besuchen möchten, sollten Sie sich für Informationen an die örtlichen Naturschutzvereine richten.

QUINTO DI TREVISO

Gruppo Ecologico Tiveron
Via Cornarotta, 50
Tel. 0422 / 47 70 01

Hier werden Ausflüge mit den typischen flachen Booten organisiert, die mit einer Stange manövriert werden. Wer die Seele des Flusses und der Menschen, die ihn lieben, kennenlernen möchte – Schiffer, Fährmänner, Fischer, Müller – dem empfehlen wir die Lektüre des Buches »Sile, alla scoperta del fiume« von Camillo Pavan.

Gianni dei Cavai
Via Berlini, 4
Sant'Alberto di Zero Branco
Tel. 0422 / 34 51 62
oder in der »Bar Pavan«
Via Sile, 128
Casacorba di Vedelago
0423 / 45 10 36

Hier werden Ausflüge zu Pferd oder in der Kutsche angeboten.

CASALE SUL SILE

Fratelli Stefanato
Tel. 0422 / 78 86 63
Tel. an Bord 0337 / 50 16 33

Wer es komfortabel bevorzugt, kann Sonntag nachmittag ein Stück des Flusses (vom Forte Makallé in Porto di Fiera über den alten Hafen von Silea bis zur alten Bootsdurchfahrt in Cendon oder bis zur Flußerweiterung in Cassier) mit den hervorragend ausgerüsteten Booten der Brüder Stefanato entlangfahren. Die Strecke führt an schönen Villen und Mühlen aus dem 19. Jahrhundert vorbei. (Abfahrt 14.15 Uhr, Rückkehr nach Fiera 16.45 Uhr. Preis: 10 000 Lire in der Nebensaison)

TREVISO

Azienda di Promozione Turistica
Via Toniolo, 41
Tel. 0422 / 54 76 32

Wer eine Exkursion auf dem Sile machen möchte, bekommt hier alle notwendigen Informationen.

Gruppo Kayak
bei Marco Fontanot
Tel. 0422 / 41 27 43

Hier wird Touristen auf der Durchreise, die gewillt sind, im Schlafsack zu übernachten, Gastfreundschaft in einer restaurierten Mühle am Sile in der Via della Monica geboten.

Società Canottieri Sile
Via Tezzone
Tel. 0422 / 54 58 79

Dieser 1908 gegründete Verein bietet Unterstellungsmöglichkeiten für Boote und Zugang zum Fluß (Öffnungszeiten: 8–20 Uhr, auch an Feiertagen).

Cral Ospedalieri
Strada del Passo
Tel. 0422 / 32 25 71
Montags geschlossen

Ein weiterer aktiver Rudersportclub.

Dopolavoro Ferrovieri
Via Benzi
Tel. 0422 / 40 15 40–40 17 10

Dieser Rudersportclub wurde 1929 in den trockengelegten Sümpfen des Moro Baldente gegründet und kann zu seinen großen Erfolgen den olympischen Sieg im Zweier 1968 in Mexico City verbuchen.

MONASTIER

Delta Club Monastier
Via Casaria
Tel. 0422 / 39 74 80

Wer auf der Suche ist nach großen Erlebnissen, kann sich für einen Deltaplanflug von Treviso bis zur Flußmündung an den Delta Club Monastier wenden.

Die Oase von Santa Cristina

Schon vor Jahren hat die Kommunalverwaltung von Quinto auf Anregung von Naturschützern 20 Hektar Sumpfgebiet zwischen dem Sile und der Piovega erworben, um dort ein Naturschutzgebiet einzurichten. Das Gebiet ist naturwissenschaftlich sehr interessant, da sie ein Überbleibsel der antiken Flußlandschaft ist und man ahnen kann, wie die gesamte Gegend vor den Trockenlegungen ausgesehen haben muß: ein Gewirr aus Sümpfen, Bächen, Wassergräben und zahllosen unterirdischen Wasseradern, die den Sile mit frischem sauberen und sauerstoffreichen Wasser nährten.
In der Umgebung gibt es viele Forellenzuchtanlagen und Maisfelder, die von Unkrautvertilgungsmitteln und künstlichem Dünger verseucht sind. Die Oase ist Kernstück eines geplanten großen Sile-Parks, der andere verbliebene Feuchtzonen schützen und weitere Trockenlegungen verhindern soll. Dieses Projekt wird jedoch ständig durch den organisierten Widerstand der Bauern, Forellenzüchter, Verwalter und Parteihonoratioren verhindert.
Unterdessen ist die Oase innerhalb weniger Jahre zu einem wahren Paradies geworden, und die Menschen haben gelernt, eingezäunt und auf kleiner Fläche zusammengestellt das zu lieben, was sie versprengt in der Landschaft, in der sie leben, nicht nur nicht zu schätzen wußten, sondern nicht einmal erkannten. Der Eingang zum Park ist normalerweise auf der Seite der alten Cervara-Mühle. Sie wird gerade renoviert. Später soll hier eine Ausstellung zum Thema »Leben und arbeiten am Fluß« zu sehen sein inklusive der Rekonstruktion einer funktionsfähigen Mühle. Im angrenzenden Bau wird das Besucherzentrum und ein Imbißrestaurant eingerichtet werden. Momentan ist der Eingang zum Park auf der entgegengesetzten Seite, beim ehemaligen Elektrizitätswerk, in das ein kleines naturwissenschaftliches Museum kommen soll. Neben der Mühle wurde ein Bauernhaus aus Sumpfgräsern aus Originalteilen, einst traditionelle Wohnstätte der Tagelöhner und armen Bauern, wiederaufgebaut. Durch das Gebiet ziehen sich drei Naturwanderwege, die von Weiden und Erlen gesäumt sind. Sie führen über den Damm und folgen den Wasserläufen, dem »ghebo dela rosta« (mit dem das Mühlrad betrieben wurde), dem »ghebo dela seraja« und dem »ghebo dela Nena Cantana«. Diese drei Wassergräben sammeln das Wasser der tausend Flüßchen und der Schichtquellen, die

Ausgangs- und Zielort:
QUINTO DI TREVISO

Voraussichtliche Dauer des Ausflugs:
40 MIN.

Öffnungszeiten:
SAMSTAGS 14–19.30 Uhr; SONNTAGS
8.30–12 Uhr und 14–19.30 Uhr.

Für die Besuche unter der Woche wenden Sie sich bitte an den **Gruppo Ecologico Tiveron**, *Tel. 0422/47 70 00 oder an das* **Rathaus von Quinto**, *Tel. 0422/37 11 61 (fragen Sie nach Dino Brunello) oder den Vizebürgermeister, Herrn Liberatello, Tel. 0422/37 89 02.*

Die schönste Jahreszeit in der Oase von Santa Cristina ist der Frühling. Von einem Besuch am Sonntagnachmittag raten wir ab.

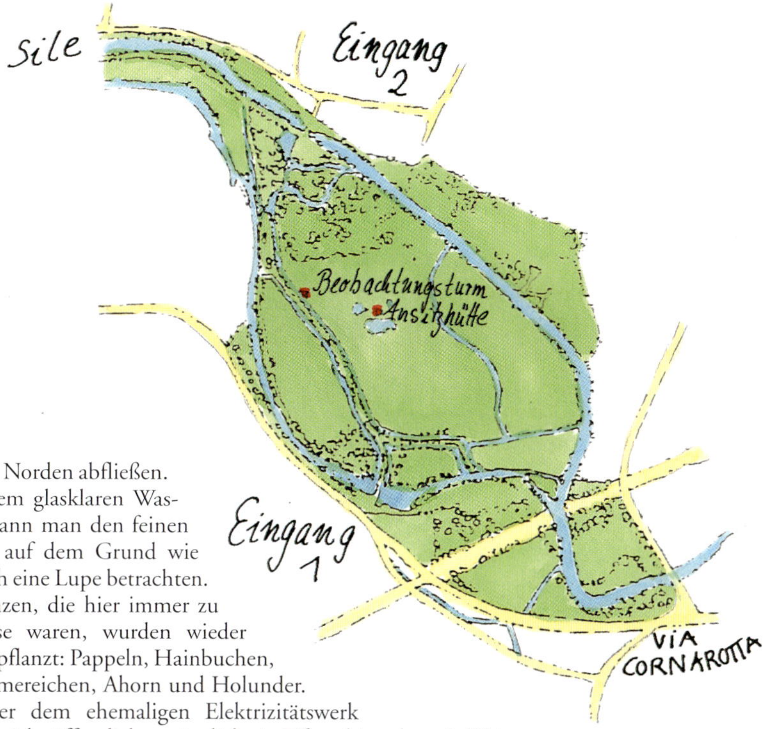

nach Norden abfließen. In dem glasklaren Wasser kann man den feinen Kies auf dem Grund wie durch eine Lupe betrachten. Pflanzen, die hier immer zu Hause waren, wurden wieder angepflanzt: Pappeln, Hainbuchen, Sommereichen, Ahorn und Holunder.

Hinter dem ehemaligen Elektrizitätswerk liegt nicht öffentlich zugänglich ein Ufergebiet, das mit Weiden und Erlen bewachsen ist: Hier verbirgt sich ein riesiger Reihernistplatz, der größte dieser Art in Italien, mit dreihundert Nachtreihern und mehr als fünfzig Graureihern. Aus der Ferne kann man die Nachtreiher heiser »bellen« hören und die großen grauen Vögel mit ihren langen Hälsen auf ihren Sitzstangen erkennen. Manchmal passiert es, daß durch ein fremdes Geräusch aufgeschreckt die gesamte Kolonie sich zum Flug erhebt und plötzlich den Himmel bedeckt.

In den Sumpfgebieten gibt es Grassteppen mit Binsen und Riedgras, Ähren und Federbüschen in verschiedenen Formen, Größen und Farben; Sumpffennich, aus dem manchmal vorsichtig eine Rohrdommel herausschaut, deren Bewegungen den starren Blättern und Hülsen ähneln. Den Schnabel in den Himmel gereckt, »brüllen« sie mit einem tiefen und dröhnenden Schrei. Im Schilfrohr verstecken sich die schwarzbraun gestreiften Sumpfvögel und »brummeln« vor sich hin. Manchmal schlüpfen Tüpfelsumpfhühner hervor. Von den schwimmenden Grasinseln, auf denen sie nisten, vernimmt man das Trillern und Lachen der Teichhühner. Manchmal fliegen sie verärgert oder alarmiert auf. Auf ande-

ren schwimmenden Ablagerungen lassen sich narzistische Taucherpärchen treiben. Sie kümmern sich nicht um die Scharen von Wasserhühnern und lärmenden Entenfamilien, denen sie begegnen.
Wo das Wasser tiefer ist, tauchen immerzu kleinere Wasservögel zwischen den sattgrünen Kronen der »callitriche« auf, die sich mit der Strömung in die Länge dehnen und sich häufig mit den dunkelgrünen Kissen der Wasserpest verbinden. Ab und zu saust ein Eisvogel wie ein blauer Blitz vorbei. Er verschwindet mit einem Sprung kopfüber im Wasser und taucht genauso schnell mit einer fetten Beute im Schnabel wieder auf. Junge Hechte und Karpfen verstecken sich zwischen den bandförmigen, gewellten und scheinenden Blättern des Laichkrauts, das entlang des Flußufers wächst. Das schnelle Wasser reißt den flutenden Hahnenfuß mit sich (dazwischen blitzen manchmal die silbrigen Wurzeln der Wasserveilchen mit ihren schönen blaßlila Blüten hervor). Wenn der Fluß langsamer wird, wiegt er Seerosen mit auffälligen gelben Blüten oder Wasserrosen, wahrlich königliche Pflanzen. Sie haben lange, fleischige Stengel, und zwischen ihren schönen, runden Blättern öffnen sich für wenige Stunden am Tag große, weiße Blüten. Und wo das Wasser steht, ist es bedeckt mit einem Schleier von Wasserlinsen, zwischen denen weiße Blumen sprießen.
An den Ufern, zwischen Schachtelhalm, Fingerkraut und Wasserminze, schauen die kleinen leuchtenden Blüten der Vergißmeinnicht hervor. Mit ihnen verbindet sich eine schöne mittelalterliche deutsche Legende, in der ein Kavalier mit seiner Dame einen romantischen Spaziergang am Bach macht. Er bückt sich, pflückt eben diese schönen Blumen, um sie mit einem galanten Spruch zu überreichen. Wegen seiner schweren Rüstung verliert er das Gleichgewicht und fällt ins Wasser. Doch bevor er untergeht, gelingt es ihm noch auszurufen: »Vergiß mein nicht!« Hier aber besteht nicht die Gefahr zu ertrinken. Das Wasser der »ghebi« ist flach und freundlich.

Kanufahrer auf dem Sile.

Sehen und verstehen

Die Legende von der »fröhlichen Mark«

Das Leben der Adeligen von Treviso in der Renaissance muß nicht unangenehm gewesen sein. Zumindest gab es überzeugende Stimmen, die das Dolce vita zu einer Legende gestalteten. Dichter und Troubadoure besangen die Frauen von Treviso als »gnädig, schön und edel«. Im Norden Italiens war der »Tanz aus Treviso« weniger Metapher für eine liebevolle Umarmung als für ein subtiles Verführungsspiel. Diese Legende vom »Liebeshof« ist noch heute Gegenstand von Aufführungen und Festen: Alte Chroniken berichten, daß im Jahre 1214 in Treviso zu einem herrlichen Fest geladen wurde. Auf diesem Fest wurde eine Burg aus Pelz und kostbaren Stoffen erbaut, in die sich die Damen mit ihren Edelfräuleins zurückzogen, um sie vor »jeder Art von Pfeilen und Geschossen zu verteidigen: Äpfel, Datteln, Muskatnüsse, Birnen, Quitten, Rosen, Lilien und … Fläschchen mit Parfüm, Balsam, Rosenwasser, mit Amber, Kardamon, Zimt, Gewürznelken und jeder Art von Blumen und Gewürzen für Düfte und Schönheitsessenzen«. Von überallher kamen Sänger zu den Festen und Banketten, so zahlreich, daß die Gemeindeverwaltung per Dekret unterbinden mußte, ohne Einladung zum Festmahl zu erscheinen.

»Dopo pranzo alla Monica«; Gemälde von G. Apollonio im Museo Civico Treviso: Szene in einer Dorftrattoria zu Beginn des 20. Jahrhunderts.

Das Bürgertum der Renaissance, stolz auf Heimat und Arbeit, hatte vergeblich versucht, dieses Bild von »orientalischem Müßiggang, unnützem und eitlem Klatsch, zweideutiger und schlüpfriger Ironie« zu korrigieren.

Der Versuch, ein »seriöses und aktives Treviso« zu entwickeln, mißglückte. Die einfache Stadtbevölkerung, bürgerlich oder nicht, wiederbelebte bewußt die Ordnung der »fröhlichen und liebreichen Mark«, mit der die angenehmen Seiten eines genüßlichen und unbeschwerten Lebens sanktioniert wurden.

Die Erzählungen reichen von unglaublichen Eß- und Trinkgelagen der Vereinigungen, in denen der Lebemann nur auf seinesgleichen stieß, bis zu Karnevalsfesten, die direkt von der Kommunalverwaltung des Blocco Popolare, in dem sich Rechtsanwälte und Handwerker im Namen des Antiklerikalismus und des freien Denkens zusammenschlossen, organisiert

wurden. Selbst auf D'Annunzio und die Faschisten machte die lockere Lebenseinstellung der Trevisaner wohl solchen Eindruck, daß sie von einer »national-fröhlichen« Etikette sprachen.
Heute dagegen möchte man den Ruf der »fröhlichen und liebreichen Mark« loswerden. Es ist ein Lockmittel für Busladungen mit Touristen. Eine erfolgreiche Werbekampagne verhalf unter diesem Slogan der Verwaltung und dem Geschäftsleben der Stadt, arbeitsamen und schweigsamen Landmenschen, die nur Familie und Arbeit kannten, zu ungeahntem Reichtum. Es gelang sogar, die Trevisaner selbst glauben zu machen, daß sie eine beneidenswerte Weinkultur besäßen, obwohl man hier immer schlecht getrunken hat. Die Vorliebe für ein »kleines Gläschen« war von altersher ein Ritus, und der Spaß an Klatsch und an schalkhafter Lästerei wurde durch die spritzigen und süffigen leichten Weine gefördert. Die Osterie waren ein einziger Jahrmarkt der Eitelkeiten. Die Gastwirte mußten in der Lage sein, den Überblick zu bewahren und wirkungsvolle Witze einzuwerfen, die dann zu gernzitierten Redensarten wurden. Heute sind die Osterie fast völlig aus dem Stadtbild verschwunden, und die wenigen noch verbliebenen schließen bereits abends um acht Uhr, wenn die Stadt, die nur noch von Banken, Immobiliengesellschaften, Juwelieren und Benetton-Geschäften lebt, ihre Lichter löscht.
Trotzdem ist eine Rast auf der Piazza dei Signori unerläßlich, um den Geist der Stadt zu verstehen. Samstag morgens finden sich hier Makler und Landwirte zusammen, am Nachmittag trifft sich hier die Jugend, am Sonntag gehört sie den Familien und gegen Abend eigentlich allen. Im Freien, in der Loggia sitzend, kann man den Plaudereien der Passanten lauschen. Oder man kann vom Café Biffi aus das Geschehen auf der Piazza von oben beobachten.
Die Anstrengungen jener Kampagne verführten auch die fähigeren Restaurantbesitzer dazu, sich der allgemeinen Tendenz einer touristengerechten Mark anzupassen. Doch seriöse Unternehmer mißbrauchen inzwischen nicht mehr den Slogan von der »marca gioiosa«, hinter dem sich meist nur unsägliche Mittelmäßigkeit verbirgt.

In der Loggia auf der Piazza dei Signori in Treviso.

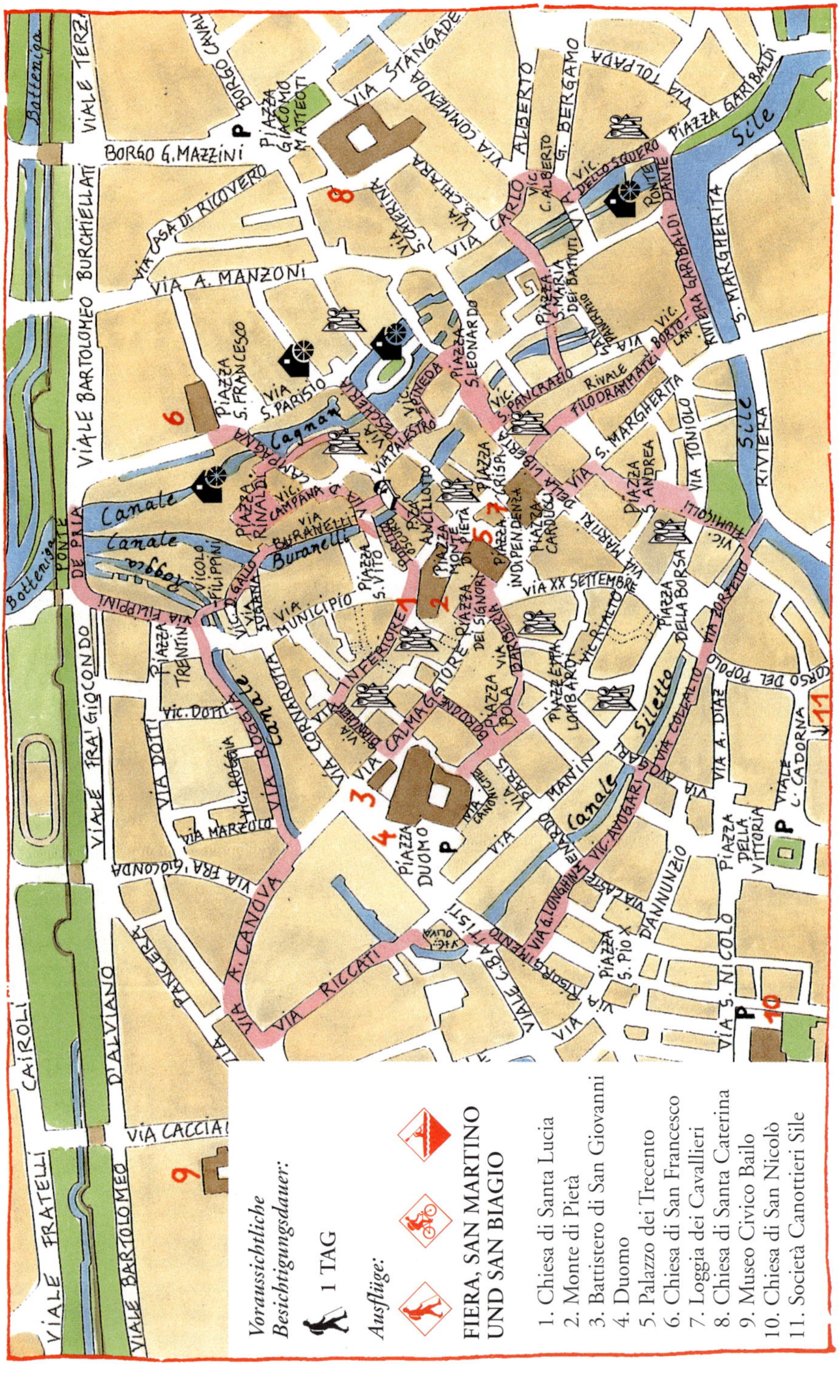
Voraussichtliche Besichtigungsdauer:
1 TAG
Ausflüge:
FIERA, SAN MARTINO UND SAN BIAGIO
1. Chiesa di Santa Lucia
2. Monte di Pietà
3. Battistero di San Giovanni
4. Duomo
5. Palazzo dei Trecento
6. Chiesa di San Francesco
7. Loggia dei Cavallieri
8. Chiesa di Santa Caterina
9. Museo Civico Bailo
10. Chiesa di San Nicolò
11. Società Canottieri Sile
VIALE BURCHIELLATI
VIALE BARTOLOMEO
VIALE FRA' GIOCONDO
VIALE FRATELLI CAIROLI
VIA A. MANZONI
BORGO G. MAZZINI
VIA STANGADE
PIAZZA S. FRANCESCO
PIAZZA DEI SIGNORI
PIAZZA INDIPENDENZA
VIA XX SETTEMBRE
PIAZZA DUOMO
PIAZZA DELLA VITTORIA
VIA A. CANOVA
VIA RICCATI
RIVIERA GARIBALDI
RIVIERA S. MARGHERITA
PIAZZA GARIBALDI
Sile
Canale Cagnan
Buranelli
Siletto
Botteniga
CORSO DEL POPOLO
VIALE L. CADORNA

Treviso, Stadt der Kanäle

In **Treviso** treffen sich Sile und Botteniga und bilden in der Stadt eine schwimmende Terrasse: herangetragenes Schwemmland hat in der Vergangenheit drei kleine Anhöhen geschaffen. Obwohl die Stadt in der Ebene liegt, ist sie doch durch ein ständiges Auf und Ab bestimmt, das immer neue Perspektiven eröffnet.
Der Botteniga und der Sile fließen nicht nur einfach zusammen, sondern verzweigen sich in der Altstadt. In seiner Geschichte vom Pfahlbautendorf zum römischen Municipium, von der mittelalterlichen Gemeinde bis zur Stadtfestung unter der Herrschaft Venedigs, war Treviso immer eine rundum von Wasser eingeschlossene Siedlung. Diese verschiedenen »Wasserfestungen« vereinen sich in der heutigen Stadt, die kleinste und älteste – auf dem natürlichen Erdwall von Sant' Andrea, zwischen dem Sile, dem Cagnan und der Roggia/Siletto – innerhalb der nächstgrößeren, die selbst wiederum von der Stadtsiedlung des 16. Jahrhunderts eingeschlossen ist. Die Stadt, die keine herausragenden Gebäude vorweisen kann, bleibt einem wegen ihrer natürlichen Anlage in Erinnerung – Wasser, Luft, Licht, Grün. Ihren besonderen Reiz bildet das Zusammenspiel von Natur und menschlichen Belangen. Das Wasser bahnt sich zwischen Häusern und Straßen seinen Weg durch die Stadt. Es verschwindet und taucht wieder auf. Im »Corriere della Sera« wurde Treviso einmal mit folgenden poetischen Worten beschrieben: »Der Botteniga durchquert die Stadt und zeigt … eine unbekannte Eigenschaft: Er schließt Freundschaft mit den Häusern und Straßen … Die Stadt ist durchdrungen von unzähligen Wasseradern, die sich mit den Quellen im Boden verbinden. Wasser und Land

Der Sile und der Botteniga bilden in Treviso ein enges Netz von Wasserstraßen. Beim Gang durch die Stadt entdeckt man häufig reizvolle Stellen wie diese, wo die Fundamente der alten Häuser im Wasser der Kanäle verschwinden.

wollen sich nicht gegenseitig die Vorherrschaft streitig machen. Sie verharren lieber in einer süßen Trägheit. Immer wieder tritt Wasser zutage, wird träge, nimmt kunstvolle Umwege ... und es spendet Leben, wird menschlich, ohne seine eigene Natur zu entweihen ...«

Farben, Formen und Lichtspiele verleihen Treviso eine besondere Atmosphäre.

Wasser und Stadt haben ein unregelmäßiges, mehr zufälliges urbanes Gefüge entstehen lassen. Die Straßenmauern mit ihren Bogengängen geben kein Bild von uniformer Linearität, sondern bilden ein Konglomerat von Eigentümlichkeiten. Kein Fenster, keine Tür und keine Arkade gleicht der anderen. Sie unterscheiden sich in Größe, Linienführung, Höhe, Stil und Alter, durch unterschiedliche Licht- und Schattenspiele. Die Torbögen öffnen sich auf enge Straßen und kleine Wege und symbolisieren eher den Übergang von urbanen Fassaden zu privater Intimität. Nur selten führen sie zu bedeutsamen Zielen, denn die Plätze stellen nur asymmetrische Freiräume im Stadtgefüge dar. Und trotzdem dominiert der Eindruck von Geschlossenheit. Sie wird nur an den Stellen gestört, wo die Zerstörungen während der österreichischen Herrschaft, die darauffolgenden Neuerungen des 18. und 19. Jahrhunderts, die Bombenangriffe des Zweiten Weltkriegs und Spekulanten der Neuzeit die verzauberte Atmosphäre durch bombastische stillose Bauten zunichte gemacht haben: unförmige Klötze, die einen jahrhundertelangen langsamen Wachstumsprozeß zerstört haben. Die Infrastruktur wird heute von der Bodenrendite bestimmt, während die Bedeutung des Wassers, die Mühlen, die alten Handwerks- oder Kaufmannsviertel in Vergessenheit geraten.

Da der Boden in Treviso keinen festen Grund bietet, sind die Häuser auf Pfahlwerke gestützt. Daher rührt auch die lichte Architektur, Konstruktionen aus leichten Baumaterialien, kleine und niedrige Häuser, mit vielen »Leerräumen«. Mit Ausnahme von einigen Kirchen und Turmhäusern sind die Gebäude nicht sehr hoch. Sie scheinen sich eher zusammenzukrümmen und zeichnen sich durch stark vorspringende Gesimse und bogenförmige Stützmauern aus. Zur Straße hin haben sie schüt-

zende Bogengänge, zu den Kanälen großzügige Loggien. Das Gesicht der Bauwerke ist immer nach innen gewandt, weiche Linien sorgen für Geborgenheit und Intimität. Treviso ist eine »weibliche« Stadt.
Der Umgang mit Formen und Materialien, mit Lichtspielen zu rein dekorativen Zwecken läuft auf eine Neuinterpretation der »venezianischen Gotik« hinaus: alles wirkt hier eher vergänglich. Da Stein und Marmor in der Gegend rar sind, hat man auf weniger wertvolle Materialien wie Backstein und Holz zurückgegriffen. Dekorative Elemente aus Terracotta, Fresken- und Trompe-l'oeil-Malerei geben den Fassaden etwas Lebendiges.

Villen und Gärten am Stadtrand.

Von Canizzano kommend, gelangt man über den **Ponte de Fero** in die Stadt. Dort findet man noch Wassergräser und Weiden, Schalmeienrohr und Teichhühner. Doch die städtischen Merkmale sind unübersehbar. Die Ufer werden von den Gärten und grasbewachsenen Treppen zahlreicher vornehmer Jahrhundertwendevillen gesäumt. Mit ihren Türmen, Vorsprüngen, Loggien, Bögen, Giebelfeldern, Friesen und Portalen mit Pflanzenmotiven lassen sie erkennen, daß die Einflüsse der Wiener Sezession, der Eklektizismus des französischen Art Déco und die Erotik des Jugendstils hier sehr einfühlsam der Intimität der mittelalterlichen, grünen Wasserstadt angepaßt wurden.

TIPS & INFOS

Ausführliche Informationen finden Sie auf Seite 110ff.

TREVISO

Einwohner: 87696
Höhe: 15 m ü.d.M.
Postleitzahl: 31100
Vorwahl: 0422

Informationen

Municipio
Tel. 65 81
Via Municipio, 16

APT
Via Toniolo, 41
Tel. 54 76 32

Entlang des Wassergrabens, der die Mauern umgibt.

Museen

Museo Civico L. Bailo
Borgo Cavour, 24
Tel. 5 13 37
Öffnungszeiten: Dienstag bis Samstag: 9–12 Uhr; 14–17 Uhr, montags geschlossen

Chiesa S. Caterina
Tel. 5 13 37
Öffnungszeiten: Dienstag bis Sonntag: 10–12 Uhr; 15–18 Uhr, montags geschlossen

Wir nehmen wieder das Auto und fahren die äußere Umgehungsstraße, immer den Wassergraben und die Mauern entlang, an der **Porta Santi Quaranta** vorbei. Dies ist die Einfriedung, die von Bruder Giocondo im Auftrag des herrschenden Venedigs im 16. Jahrhundert errichtet wurde: Bis dahin war Treviso für seine ländliche Umgebung durch viele Durchgänge in der kümmerlichen mittelalterlichen Stadtmauer zugänglich gewesen. Auf diesem Weg kam Leben in die Stadt. Die Veränderungen der Serenissima waren tiefgreifend. Nun entstand eine militärische Befestigung, die durch mächtige Bastionen begrenzt war. Aus Verteidigungsgründen wurden die umliegenden Vororte zerstört, so daß eine Sicherheitsmeile entstand. Damit begann der langsame Verfall der Stadt, gepaart mit einer Isolierung: Noch heute herrscht in den Köpfen eine strenge Trennung zwischen dem belagerten »Innen« und einem fremden und feindlichen »Außen«. Doch die Bastionen haben inzwischen ihre militärische Funktion verloren. Die Trevisaner haben aus den Wällen eine allseits beliebte Joggerpiste werden lassen. Sie dominieren zeitweise den erholsamen Spazierweg unter Roßkastanien.

Beim Botteniga angekommen, sollten Sie versuchen, das Auto abzustellen (wenn Sie Glück haben, finden Sie einen gebührenfreien Platz auf dem Gemeindeparkplatz gleich hinter der Eislaufbahn). Von der Brücke der Umgehungsstraße kann man beobachten, wie der Botteniga unter den niedrigen Bögen der Bastionen in die Stadt eindringt. Ein Teil des Wassers speist den Wassergraben mit seinen baumbewachsenen Inselchen. Auf der anderen Seite der Mauern, an dem **Ponte de Pria**, teilt sich der Botteniga in drei Kanäle, die durch die Stadt fließen: der Cagnan, der Cagnan di Mezzo und die Roggia. Wenn man die Treppe an der Brücke hinuntergeht, kann man sehen, wie Bruder Giocondo das fließende Wasser, das den Bürgern der Stadt zur Kommunikation diente, für militärische Zwecke umfunktionierte: Schottwände machten es möglich, das gesamte umliegende Gebiet im Fall eines feindlichen Angriffes zu überschwemmen.

Wir biegen in die Via Filippini ein und, auf der Piazza Trentin, kurz vor der Gastronomia Vettoretti, in den Vicolo Filippin, der nach einigen engen Brückchen und dunklen Durchgängen in den Vicolo del Gallo mündet: Dies ist die erste Begegnung auf dem Spaziergang mit dem »Labyrinth« und der »Höhle« der Altstadtgassen.
Wir wenden uns nach links in Richtung des Cagnan di Mezzo, der hier **Canale dei Buranelli** heißt, eine der romantischsten Stellen der Stadt. Das grasbewachsene Ufer, die Weiden, die Sumpfgräser, die im Frühjahr blühende, schwimmende Teppiche bilden, unterstreichen mit ihrer Farbenvielfalt, ihren Reflexen und Geräuschen den Reichtum der Natur je nach Tages- und Jahreszeiten. Am Ende des Bogengangs mit unregelmäßigem Pflaster lädt die Wurstwarenhandlung Del Zenero mit ihren Wurstgirlanden zu einer Rast ein.
Hinter der Brücke läuft der Canale, wo einst das jüdische Ghetto war, am **Portico Oscuro** vorbei und verschwindet dann unter den Häusern (wir werden ihm ein wenig später unter einem anderen Namen wieder begegnen). Die Kirchen Santa Lucia und San Vito, die sich

ÜBERNACHTEN

Locanda Beccherie
Piazza Ancillotto, 10
Tel. 54 08 71

Albergo Campeol
Piazza Ancillotto, 4
Tel. 5 66 01

Ca' del Galletto
Via Santa Bona Vecchia, 30
Tel. 43 25 50

Carlton
Largo Porta Altinia, 15
Tel. 41 16 61

Continental
Via Roma, 16
Tel. 41 12 16

Scala
Viale Felissent, 1
Tel. 30 76 00

Luganega in vielen Varianten

Die Produktion der Luganega aus Treviso geht bis ins Mittelalter zurück. Im 15. Jahrhundert mußte ein Stadtvogt eine Verfügung erlassen, um die Charakteristika der Wurst vor Fälschungen zu sichern.
Jene für Reis ist klein, weiß und wird aus fein gehacktem Schweinespeck hergestellt. Sie wird mit der »dosa trevigiana«, einer raffinierten Gewürzmischung aus Pfeffer, Königs- und Goa-Zimt, Nelkenpfeffer, Muskatnuß, Muskat und Koriander, gewürzt. Man braucht sie auf jeden Fall für das Gericht »risi e luganega«, für dünne Gemüsesuppe und den »risotto all'onda« (auch der Risotto ist eher flüssig als kompakt).
Der Reis wird mit Brühe und Wein gekocht, wobei sich die Wurst völlig auflöst und so der Reis ihren Geschmack und Duft annimmt. Man kann die Wurst auch erst nach der Hälfte der Garzeit zugeben. Dann wird sie auf der Mitte des Tellers serviert. Es gibt verschiedene Varianten mit Wirsing, Blumenkohl, Leber und Hühnermagen.
Neben den Grillwürsten gibt es Varianten, die zur Füllung, zum Beispiel für Tortellini, Frittate, für Frikadellen oder für Saucen zu Bigoli (schmale Bandnudeln) und Gnocchi verarbeitet werden.
In der Region werden auch gute Salami, Soppressa (scharfe Wurst aus 70% Fleisch und 30% weichem Fett und ohne Knoblauch gewürzt) hergestellt, Halsgrat, Kochwurst und kleine Schlackwürste, Kochwürste mit oder ohne Zunge (die Grundmasse ist dieselbe, nur mit einem Stück halbgarer, gepökelter Zunge in der Mitte).

ESSEN

Albertini*
Via Inferiore
Tel. 57 92 68
Sonntags und Montag mittags geschlossen

All'antica torre*
Via Inferiore, 55
Tel. 5 36 94
Sonntags geschlossen

Alle Beccherie*
Piazza Ancillotto, 10
Tel. 54 08 71
Donnerstag abends und freitags geschlossen

Al Bersagliere**
Via Barberia, 21
Tel. 54 19 88
Samstag abends und sonntags geschlossen

Ein Spaziergang auf dem Calmaggiore, der Hauptstraße Trevisos.

in der Nähe befinden, lohnen einen Besuch (leider sind sie nur wenige Stunden am Vormittag geöffnet). Der Ausdruck »in den Himmel ragend« wäre für diese Kirchen sicher falsch, da sie vom Pfandhaus (eines der ersten Italiens, das eindeutig nichtjüdischem Ursprung ist) förmlich erdrückt werden. Santa Lucia, mit gotischem Kreuzgewölben auf niedrigen Säulen, gleicht einem dunklen Schoß, der einen völlig einhüllt. Die unregelmäßigen Bögen, die mit Fresken bemalten Gewölbe, die wie ein Miniaturenbuch wirken, die kleinen Leuchter und der Rauch der Kerzen (die Figuren der Ikonostase sind entsprechend vergilbt) verleihen dem zergliederten Raum eine esoterische, fremdartige Atmosphäre. Durch ein winziges Portal gelangt man in die angrenzende Kirche, die im 17. Jahrhundert neu erbaut wurde, mit hohen Schiffen und einem leichten Säulengang außen. Dieser Raum, ganz anders als die kleine Kirche mit Krypta, ist licht- und luftdurchflutet. Der Vicoletto del Podestà an der Seite mit seinen hohen Strebemauern ergänzt den Gesamteindruck eines harmonischen Raumgefüges, eines angenehmen rhythmischen Wechsels zwischen hellen und dunklen, offenen und geschlossenen Zonen. Anschließend gehen wir unter den schmalen Arkaden der **Via Inferiore** entlang. Diese Architektur ist die logische Fortentwicklung von bogenförmigen Strebemauern zu einem echten Bogengang. Auf der rechten Seite stößt man auf ein rosa Haus mit einem schönen runden Giebel, in dem sich ein Fischrestaurant befindet. Links liegt Toni del Spin, eine der wirklich traditionellen Trattorien von Treviso, Synonym für den Baccalà (spin ist nichts anderes als die Gräte des Stockfischs). Etwas weiter findet man einen schrulligen Antiquitätenhändler, der oft interessante Jugendstilmöbel und -objekte zu bieten hat. Die Straße endet mit dem Restaurant All'Antica Torre, das in einem mittelalterlichen Turmhaus untergebracht ist.

Über die **Via Bianchetti** (mit schönen mittelalterlichen Häu-

sern, von denen eines eine Sonnenterrasse besitzt) oder über die Via Cornarotta gelangt man auf die **Piazza Duomo:** unüberlegte Abbruchmaßnahmen und tiefgreifende Veränderungen im letzten Jahrhundert haben den geschlossenen Platz und die originale romanische Architektur zerstört. Heute zeugt davon nur noch die Krypta des Doms – ein Wald von Säulen, die das niedrige Kreuzgewölbe stützen, auf einem dekorativen Boden mit Pflanzen- und monströsen Tiermotiven – die Apsis und das Baptisterium, das im Jahre 1000 auf römischem Fundament erbaut wurde mit dem plumpen Glockenturm. Die Lisenen und kleinen Bögen, die das Licht auf der warmen Oberfläche aus roten Backsteinen lenken, beweisen, daß sich der Geschmack in der Farbgebung über die verschiedenen Epochen kaum gewandelt hat.
Wenn man unter den Bogengängen des **Calmaggiore** läuft, der schon zu Römerzeiten Hauptstraße war, bekommt man eine Vorstellung von der Linienführung der Architektur. Wenn man auf der Straße spaziert (sie ist heute für den Verkehr gesperrt), kommt einem die Front dagegen wie eine Aneinanderreihung von einzelnen Häusern vor. Eines lehnt sich an das nächste, und jedes hat ein persöhnliches Gesicht. Sie stammen aus unterschiedlichen Epochen, sind verschieden hoch und breit und haben ein individuelles Fassadenprogramm: zweibogig, dreibogig, gebogen, mit Dreipaßbogen, Girlandendekorationen, Fensterbänke aus istrischem Stein – sehen, um gesehen zu werden. Auch die Bogengänge tragen zu diesem Spiel mit Räumen bei: ganze Wölbungen oder spitze Wölbungen, gesenkte Wölbungen, eng oder weit, hoch oder niedrig, gestützt durch schlanke Steinsäulen oder Backsteinpilaster. Auf der rechten Seite führt ein kleiner Abstecher über die Via Paris Bordone zur **Piazza Pola,** einem kleinen, ruhigen, baumbewachsenen Platz, der sehr an den Montmartre erinnert. Hier kann man im Sommer im Freien ein Eis essen oder eine Granita genießen. In einem der Canoniche Nuove, dem Turmhaus Nr. 16, gibt die Ausstellung schöner Einrichtungsobjekte im Durchgang Gelegenheit, das gut restaurierte Innere eines mittelalterlichen Hauses anzusehen und im Vicolo Canoniche einen verstohlenen Blick auf die Apsiden des Doms und die antiken Pfarrhäuser zu werfen, die durch luftige Durchgänge und niedrige Arkaden miteinander verbunden sind. (Da der Winkel seit einigen Jahren durch Tore verschlossen ist, kann man dort nicht hingelangen.) Die schmalen, verwinkel-

L'Incontro*
Largo Altinia, 13
Tel. 54 97 98
Mittwochs und Donnerstag mittags geschlossen

Ai mulini
Strada di Mure, 19
Tel. 40 19 05
Montags geschlossen

Toni del Spin*
Via Inferiore, 7
Tel. 54 38 29
Sonntags und Montag mittags geschlossen

Die Trattoria Toni del Spin, Wallfahrtsort für den Baccalà und eine der ältesten Gaststätten der Stadt.

IMBISS

La Piola
Via Filodrammatici, 9
Tel. 54 02 87
Montags geschlossen

Bar Al Santo
Via Campagna, 45
Tel. 5 09 78
Im Sommer sonntags und Montag morgens, im Winter nur montags geschlossen

Bestimmt hat sich Signora Campiol geärgert, weil sie sich ihr Tiramisù nicht hat patentieren lassen. Aber vielleicht hat sie nicht geahnt, daß diese Süßspeise, die sie zufällig erfunden hat, um einen etwas verzweifelten, lieben Gast »aufzurichten«, sich auf der ganzen Welt durchsetzen würde. Der Mascarpone muß

ganz frisch sein, am besten aus Sahne der Milch aus dem Monte-Grappa-Gebiet hergestellt. Er wird mit schaumig geschlagenem Eigelb und Zucker gemischt, auf geschichtete und mit Kaffee getränkte Eierbiskuits gestrichen. Die letzte Schicht besteht aus Creme, die mit bitterem Kakaopulver bestäubt wird.
Der frische Mascarpone aus dem Milchgeschäft wird auch im Winter gerne als Dessert verwendet und mit Mostarda serviert (eine mit Senf gewürzte Fruchtcreme aus Quitten, Birnen, Weinmost und kandierten Früchten): die Kombination weicher, fetter und süßer Geschmacksnoten mit pikanten und herben ist in der traditionellen Küche Trevisos sehr beliebt.

ten Gassen, die auf wenigen Metern fast alle Elemente vereinen, die das Erscheinungsbild dieser Stadt charakterisieren, kann man auch von der Via Cononiche aus betrachten.
Über die Piazza Pola und Via Barberia gelangt man auf die **Piazza dei Signori.** Dieser kleine Platz weist alle Zeichen weltlicher Macht auf. Bis vor hundert Jahren mutete er ungeordnet und malerisch an, mit vielen kleinen Holzbuden, die sich an die Bogengänge und Loggien anlehnten. Die düstere, zusammengestückelte Fassade des Palazzo Comunale aus dem 13. Jahrhundert (in dem sich heute die Präfektur befindet) war ein zufälliges Konglomerat von Fenstern und Balkonen verschiedenster Stile. Das konservative Bürgertum des 19. Jahrhunderts konnte sich damit nicht identifizieren. Um ein Symbol für das neue Treviso zu schaffen, das mit modernen und klugen Augen die eigene Vergangenheit betrachtete, ließ man Umbauten in uninspiriertem, pseudo-romanischem Stil ausführen, die die Geschlossenheit des Platzes zerstörten, ohne daß es jedoch gelang, die Asymmetrien gänzlich zu beheben. Auch wenn er umgestaltet und weniger lebendig ist (anstelle der farbig gefaßten Terrakottaverkleidung mit Liebesszenen und einem Flechtwerk aus Pflanzen und Fabeltieren erinnern jetzt Gedenktafeln an die Liebe zum Vaterland), ist der **Palazzo dei Trecento** noch immer das »Herz« der Stadt. Der beeindruckende Saal mit offener Dachbalkenkonstruktion – hier wurde in der Zeit der unabhängigen Stadtregierung die Versammlung der 300 Gemeinderäte abgehalten – und die Loggia symbolisieren das Selbstbewußtsein der mittelalterlichen Kommune, die unabhängig war von Bischöfen und Kaisern und stolz auf ihre Statuten – einziges Beispiel in Italien –, die auf der strikten Trennung zwischen kommunalem und kirchlichem Recht basierten. In der Zeit seiner Unabhängigkeit erlebte Treviso seine goldene Zeit: mit einer intelligenten Expansionspolitik wurden Burgen, Stadt und Abteien begründet und Feudalherren und Bischöfe im Zaum gehalten; die Administration geschickt organisiert, auch Handwerker und einfache Bürger in die Verwaltung der öffentlichen Angelegenheiten mit eingebunden; ein Berufsheer für den Frieden und eine Volksarmee für den Krieg eingerichtet; das Prinzip der kollektiven Verantwortung bei Delikten und der Rechtsfähigkeit der einzelnen Person definiert; die Praxis der Staatsverschuldung, die durch Obligationen garantiert war, eingeführt.

Wenn man unter dem Sottoportico dei Soffioni, den weiten Bogengängen zwischen der Präfektur und dem Palazzo dei Trecento, hindurchgeht, gelangt man auf die Piazzetta del Monte di Pietà. Dieser Platz und die umliegenden Gassen – im Herbst findet hier heute der Pilzmarkt statt – heißt **Le Beccherie,** weil hier viele Werkstätten und die Stände der bechèri, der Metzger, waren. Diesen Namen hat das Restaurant der Familie Campeol übernommen, eines der typischsten der Stadt.
In der Via Campana, hinter dem Canale dei Buranelli und der Wurstwarenhandlung Del Zenero, befand sich vom 17. Jahrhundert an bis vor wenigen Jahrzehnten La Colonna, eine volkstümliche Osteria, das Stammlokal vieler Trevisaner und Fremder, bis eine sogenannte »raffinierte« Restaurierung ein kaltes, anonymes Lokal daraus machte. Der kleine Hof, in dem es immer laut zuging, ist heute leer. Das Innere, schmutzig und unordentlich, nicht sehr hell, aber in warmen Farben, war mehr als ein Lokal, es war ein Mythos. Man kam hierher, um einen trockenen Clinton zu trinken und über Gott und die Welt zu diskutieren.
Vom Vicolo Campana aus gelangt man auf die **Piazza Rinaldi,** einen der luftigsten und merkwürdigerweise ordentlichsten Plätze der Stadt. Die Rückseite der recht-

Der Canale dei Buranelli.

eckigen Colonna mit einem Laubengang, der nach zwei Seiten weiterführt, erinnert fast an spanische Architektur. Am Rande des Platzes befindet sich ein baufälliger Palazzo aus dem 15. Jahrhundert mit einer großzügigen, doppelten Loggia. Er ist das orientalischste Bauwerk der Stadt.

Caffè ai Soffioni
Piazza dei Signori, 26
Tel. 5 24 35
Vom 1. 10. bis 30. 4.
montags geschlossen,
vom 1. 5. bis. 30. 9.
sonntags geschlossen

OMBRE E CICHETI

Al Calice d'oro
Via Pescheria, 5
Tel. 54 47 62
Sonntags geschlossen

Osteria al Dante
Piazza Garibaldi, 6
Tel. 5 18 97
Samstags und sonntags
geschlossen

Muscoli's
Via Pescheria, 25
Tel. 5 33 90
Sonntags geschlossen

Dai Naneti
Vicolo Broli, 2
Kein Telefon
Sonntags und Mittwoch
nachmittags geschlossen

Alla pescheria
Via Pescheria, 41
Tel. 5 27 19
Sonntags geschlossen

Bar Trevisi
Vicolo Trevisi, 6
Tel. 41 08 79
Sonntags geschlossen

EINKAUFEN

Süßes

Pasticceria Ardizzoni
Via Nervesa della
Battaglia, 83

Käse

L'alimentazione
di Antonio e Stefania
Carpenedo
Via Carlo Alberto, 53

»Latte e…«
di Franco De Pieri
Via Sant'Antonio, 110

Feinkost

Bottega del baccalà
Via Pescheria, 12

Cacciolato
Vicolo Rialto, 25 und
Piazza Pola, 1

Casa del baccalà
Piazza San Vito, 33

Drogheria Foresti
Via Martiri della Libertà
(in der Nähe der Loggia dei
Cavalieri)

Vettoretti
Piazza Trentin, 19

Wein

Bottiglieria
Casa del liquore
Via Municipio, 1

L'Enoteca Trevigiana
di Mario Rossei
Viale IV Novembre, 62

Marionetten und altes Spielzeug

Mangiafuoco
Via Riccati, 12

Cereria Sorelle Torri
Piazza Duomo, 9

Der Bogengang am Cagnan Grande führt zum **Ponte della Campana,** an dem eine alte, doppelrädrige Mühle steht, die heute in ein wunderschönes Wohnhaus mit blühendem Garten umgestaltet ist. Hinter der Brücke befindet sich die Chiesa di San Francesco aus dem 13. Jahrhundert. Der Innenraum ist sehr nüchtern, so daß die vertikalen, gotischen Linien stark hervortreten und für eine mystische Atmosphäre sorgen.
Der grasbewachsene Damm des Cagnan Grande mit einer Reihe Weiden wirkt wie ein Feldweg. Wenn man unter den Arkaden hindurchgeht, wird der Kanal breiter, während sich das Wasser zum Marktplatz sammelt, der von den Laubengängen und Geschäftshäusern umgeben ist. Heute fahren hier keine Boote mehr. Enten und Schwäne, die ebenso lärmen wie die durchziehenden Obst- und Gemüsehändlern die jeden Morgen die Brückenstraße verstopfen, regieren über das Wasser. In der Mitte liegt ein Inselchen, auf dem seit über hundert Jahren der Fischmarkt stattfindet. Touristen, die das bunte Markttreiben lieben, sollten daher unter der Woche morgens herkommen, um sich zwischen den Ständen, Baccalà-Geschäften und den vielen Osterien umzusehen, wo man fritierten Fisch oder sauer eingelegte Sardellen probieren oder sich mit einer Kuttelsuppe stärken kann.
In der Via Palestro schauen die Schmuckseiten der Häuserfassaden zur Straße, zwei- und dreibogige romanische Fenster reihen sich aneinander, dazwischen Laubengänge des Handelshauses **Ca' de' Carraresi,** aus dem 13. Jahrhundert, in dem heute Ausstellungen stattfinden. Seit der aufwendigen Restaurierung kommen zwar die architektonischen Charakteristika gut zur Geltung, die funktionale Verbindung zum Wasser wurde durch die Verwendung von übertrieben luxuriösem Marmor und wertvollem Holz zerstört.
Über die Vicolo Spineda und die Piazza San Leonardo, kurz nach der Einmündung in die Via Martiri della Libertà, biegen wir wenige Meter vor der Drogheria Foresti in den Vicolo San Pancrazio und kommen in das Viertel, das einst *»de postriboli e stuarum«* hieß (Stue waren Saunabäder, die von Deutschen geführt und von den Trevisanern sehr häufig besucht wurden, und zwar nicht nur die, die gleichzeitig auch Freudenhaus waren!). Über den Vicoletto di Santa Maria dei Battuti – wo man überraschenderweise wieder auf den Cagnan di Mezzo trifft, der sich zwischen den Mauern zweier eng stehender Häuser hindurchdrängt – gelangt man auf die Piazza

Santa Maria dei Battuti (mit dem ehemaligen Krankenhaus). Die alten Häuser haben noch heute Waschküchen, die zum Wasser hinausgehen, Altane und große Kamine. Nach dem **Ponte Sant'Agata** über den Cagnan Grande (von der Straße vor der Brücke kann man gut die gotisch-floreale, ganz in Rosa ausgeschmückte Fassade der Casa Boccaliero auf der anderen Uferseite sehen), ein kleines Stück die Via Carlo Alberto entlang, durch den Vicolo Carlo Alberto und den Vicolo dello Squero (wo die Boote gebaut und repariert wurden) folgen wir dem letzten Stück des Cagnan Grande bis zum Zusammenfluß mit dem Sile. Rechter Hand liegen grüne Inselchen mit winzigen Gemüse- und Obstgärten zwischen alten Mühlen. Aus dem dunklen Bogengang des Vicolo dello Squero gelangt man auf einen lichten

und friedlichen Platz, wie man ihn nirgends sonst findet. Die Häuser am Ufer erzählen vom Wohlstand des alten Flußhafens, in dem sich einst die »burci« drängten, die Schiffe, die Salz geladen hatten und Mehl von Treviso mit in die Lagune nahmen. Heute gehört der Sile den Enten und Schwänen, die oft das Ufer hinaufklettern und am Fluß entlangspazieren. Unter einem niedrigen Brückenbogen lädt die Osteria Al Dante zu einer Rast ein. An Hochsommerabenden kann man sich mit einer Wassermelone am grasbewachsenen Ufer niederlassen. Mitten in der Fastenzeit findet auf diesem Teil des Sile das Fest »i brusa a vecia« statt: Hierfür organisiert eine folkloristische Vereinigung den Umzug der »Alten« bis zum Scheiterhaufen, der Unglück und Mißgeschick veranschaulichen soll. Das Ganze ist ein Versuch, alte heidnische Riten (auf dem Land gibt es zum

Spielkarten

Dal Negro
Viale F.lli Bandiera, 1/3

Schmiedeeisen

Dante Negro
Handwerksgegend von Biban di Carbonera

Kristallverarbeitung

Sandro Barbieri
Via Goldoni, 17

Italo Varisco
Via Nervesa della Battaglia, 61

Türgriffe

Pierre
Via Ferrarese, 10

Kunstverglasungen

Leandro Mattiuzzo
Via Tolpada, 12

Instrumentenbauer

Liutaio
Via Monterumici, 16

Zwei Szenen vom Markt in der Via Pescheria. Hier findet man Stände mit Fisch, Gemüse und Käse, ein munteres und duftendes Durcheinander.

Märkte

Piazza del Grano
Porta San Tomaso

Antiquitätenmarkt

Borgo Cavour

Fahrradtouren

Alice nel paese delle meraviglie
Viale Resistenza, 46
Paese

VERANSTALTUNGEN

Theater und Musik auf der Piazza

Im Juli und August finden fast jeden Tag auf den schönen Plätzen wie Piazza San Parisio, Piazza Santa Maria Maggiore oder Piazza Pola, in den Klöstern und Kirchen (Santa Caterina, San Nicolò und im Kreuzgang des Museo Civico) und in den Parks der Villen die Veranstaltungen des »Estate Trevigiana« statt: klassische Konzerte und Jazzkonzerte, Chorgesang aus Renaissance und Barock, Freilichtkino, Theateraufführungen, Kabarett und Ballett. Im Sommer erwacht die Stadt zu neuem Leben. Schön ist aber auch der Gesang »Autunno Musicale Trevigiano« im Teatro Comunale. Im Herbst und Winter gibt es in den Kirchen häufig Orgelkonzerte, und im September findet das Orgelfestival »Città di Treviso e della Marca Trevigiana« mit Aufführungen, Kursen und Vorträgen mit Teilnehmern aus ganz Europa statt.

Dreikönigsfest immer noch ein Freudenfeuer) auch Städtern nahezubringen. Höhepunkt der Feiern ist ein Fackelzug auf dem Fluß.
Wenn man das rechte Ufer des Sile wieder hochläuft, gelangt man in die Via Bortolan und in der Verlängerung in den Rivale Filodrammatici, der zu einer der drei Anhöhen ansteigt, auf der der älteste Teil der Stadt erbaut ist. Nach dem **Palazzo Filodrammatici** mit einer schönen, freskierten Fassade landet man bei der Loggia dei Cavalieri auf einem kleinen überdachten Platz mit schlanken Arkaden. Er wurde im 13. Jahrhundert als Treffpunkt der Müßiggänger erbaut. Adelige und Ritter fanden sich hier zusammen, um Schach zu spielen oder sich auf andere Weise zu vergnügen. Die Atmosphäre des Platzes kann man heute nur noch erahnen: Die Fassaden waren mit bunten Fresken bemalt, Blumenmotive und Szenen aus dem Leben von Rittern und Edelleuten lasen sich wie ein venezianisch-provenzalisches Feuilleton jener Zeit. Heute ist unter der Loggia ein liebenswerter Antiquar mit Büchern und alten Drucken untergebracht sowie ein Verkaufsstand mit Spielzeug. Die Kreuzung, neben der sich die Loggia erhebt, ist bekannt als Carubio (mundartliche Umformung von *quadrivium*). Sie bildet den Schnittpunkt der Nord-Süd-Achse, der Via Santa Margherita, und der Ost-West-Achse der Stadt, der Via Martiri della Libertà. Über die Via Santa Margherita, nach einem schönen Geschäft mit provenzalischen Düften und Essenzen, führt ein schmaler Durchgang zur **Piazzetta Sant'Andrea,** der höchsten Erhebung der Stadt. Hier entstand vor 3500 Jahren die erste frühvenetische Siedlung mit einer Anlegestelle am Fluß und später die romanische Festung.

Die Piazza della Pescheria.

Wenn man durch die Gärten hinuntergeht (in der Nähe des Palazzo Scotti), gelangt man an die Stelle, wo der Roggia-Kanal in den Sile mündet. Wir empfehlen Ihnen, über die Via Fiumicello den anderen Arm des Botteniga zurückzulaufen. Hier befinden sich die ehemaligen Scorzerie, in denen Leder bearbeitet wurde, sowie ein schönes Haus mit Bogengang über dem Wasser. Das Restaurant Da Alfredo (s. Seite 56) in der Via Collalto sollte man zumindest aus Neugier besuchen.
Zwischen dem **Ponte Avogari** und dem **Ponte dell'Oliva** bieten sich immer wieder reizvolle Blicke auf den Kanal. Die Via Riccati und die Via Canova sind Straßen mit schöner Bausubstanz: Arkadengänge, Bögen und Fenster, die mit Terrakottaelementen dekoriert sind, und Fassaden mit Fresken in geometrischen Mustern und mit großen Blumen verziert. Man sieht Venus und kleine Amoretten zwischen grünen Blättern und roten

Eine kleine Gasse am Cagnan di Mezzo.

Granatäpfeln, Szenen aus dem Stadtleben mit lebensgroßen Figuren wie die Fresken der Casa Robegan: pausbackige Putten liegen sanft auf Blattwerk, stattliche Frauen lehnen sich aus vorgetäuschten Fenstern, Gestalten in prunkvollen Kleidern tauschen Komplimente aus. In Treviso stehen etwa dreihundert Bauwerke mit bemalten Fassaden, vom stattlichen Palazzo bis zum bescheidenen Haus. Sie alle sind Zeugnis einer weitverbreiteten, länger anhaltenden Mode, die Treviso den Namen der »bemalten Stadt« einbrachte. Und diese Neigung zur Maquillage paßte gut zur Freude an der

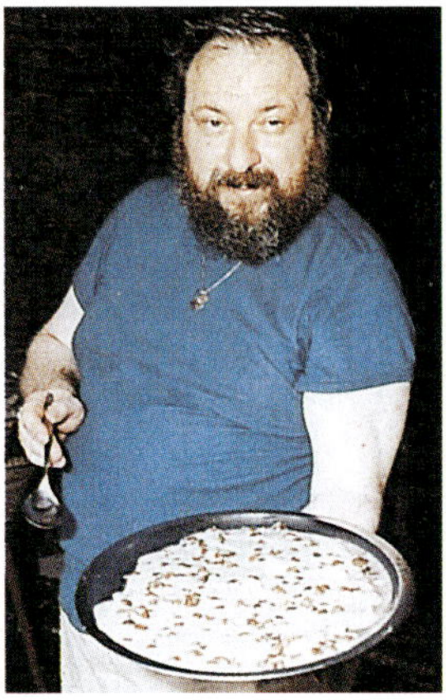

Giuseppe (Bepo) Maffioli war vielleicht der letzte Vertreter der legendären Spezies autodidaktischer Künstler: er brachte über Jahrzehnte Inspiration und Witz in die venezianische Gesellschaft und Kultur. Er ist Autor von Kochbüchern, Journalist, Theatermacher und Schauspieler. Und er vollbrachte das Wunder, der Küche zu neuem Selbstbewußtsein zu verhelfen. Aus einfachen Rezepten machte er duftende Erzählungen, und ärmliche Zutaten wie die Polenta und Bohnen, verarbeitete er zu »Leib- und Seelenspeisen«. Doch Bepo hat nicht nur über die Küche geschrieben, er hat sie auch praktiziert: Er erforschte die historischen und kulturellen Wurzeln der trevisanischen Küche, paßte sie den heutigen Möglichkeiten an und belebte sie durch neue Anregungen. Zu seinen Büchern gehören »Il ghiottone veneto« und »La cucina trevigiana«.

Die Osteria Al Dante sollte man nicht versäumen. Sie befindet sich in einem wunderschönen, mit Fresken bemalten Haus, mit Blick auf den Sile. Sie bietet eine reiche Auswahl an kulinarischen Genüssen: Oktopus, Schnecken, Wurst aus Schweinskopf mit Polenta, geschmorter Tintenfisch.

Verführung. Die Ca' de' Noal, auch in der Via Canova, beherbergt ein Museum. In seinem Garten befindet sich das sogenannte Puppenhäuschen, ein kleines gotisches Bauwerk, und die Fontana delle tette, der »Busenbrunnen«, aus dessen Brüsten jeder neugewählte Bürgermeister seinen Bürgern Rot- und Weißwein anbot.

Unter dem Kloster, in dem sich heute das Finanzamt befindet, taucht plötzlich der Siletto-Kanal auf, der jetzt den Namen Roggia trägt. Die Via Roggia, die am Kanal entlangführt (das gegenüberliegende Ufer wirkt wie ein Stich von Piranesi), ist eine der zauberhaftesten Ecken der Stadt: phantastische von Efeu überwucherte Häuserruinen und kleine Nebenstraßen (Via Marzolo, Via Dotti und die angrenzenden Gäßchen) mit engen und niedrigen Bogengängen, antiken Strebemauern und Kopfsteinpflaster, wie man es sonst nur auf Dorfstraßen findet.

Man folgt dem Roggia-Kanal bis zu seinem Anfang an den **Ponte de Pria.**

Wer noch Zeit und Lust hat, dem empfehlen wir einige weitere Abstecher.

In der Kirche Santa Caterina (man biegt auf der Route bei der Casa Boccaliero in die Via Santa Chiara ein) taucht das Thema Fluß in dem Fresko »Storia di Sant' Orsola« von Tomaso da Modena, einem emilianischen Maler aus dem 14. Jahrhundert, wieder auf. Die Legende erzählt vom Martyrium einer jungen Prinzessin. In einer deutschen Kirche wird die Geschichte mit bösartigen Augen, bestialischen Volksmannen, grausamen Fratzen und abstoßenden Zungen veranschaulicht. Hier applaudieren hübsche, elegante und lächelnde Mädchen der »höfischen« Zeremonie und beäugen den nackten

Eine Küche, die Zeit und Muße braucht

Auch in der Küche gilt: Weder Barock noch klare reine Geschmacksnoten, sondern Nuancen. Lange Kochzeiten verwandeln die Lebensmittel in ihrer Konsistenz. Die trevisanische Zubereitung des Baccalà ist die cremigste unter den verschiedenen venetischen Varianten. Der Stockfisch, zäh und fast bretthart, wird so lange geklopft, bis seine Fasern weich und flexibel sind; danach wird er gewässert, so daß er Feuchtigkeit zieht, und dann ganz langsam in großen Kupfer- oder Tontöpfen gekocht. Zum Schluß wird er unter Schütteln zu Mus verarbeitet.

Die »sopa coada« muß, wie schon ihr Name andeutet, stundenlang im Backofen »brüten«, bis sich altbackenes Brot und Täubchenfleisch oder junges Hühnerfleisch verbunden und eine sämige Konsistenz angenommen haben. Und ebenso entsteht die duftende »sopa de tripe« (Kuttelsuppe). Sie sind die ältesten und typischsten Gerichte der Region. Die »bronzetti«, Dreifüße in verschiedenen Größen, die es in jeder Familie gab, waren unabdingbar für die langen Kochzeiten von Suppen, Saucen, Hasenpfeffer, »potacetti« (Schmortopf) und »guassetti« (Fischsuppe). Das »saor«, ein Gemisch aus Wein und Essig, mit angebratenen Zwiebeln, Pinienkernen, Rosinen, Knoblauch und verschiedenen Gewürzen, das seit jeher zur Konservierung des Fischs diente, taucht schon in Rezeptbüchern des 16. Jahrhunderts auf und geht auf die kulinarischen Gepflogenheiten der Venezianer zurück.

Die sogenannte traditionelle Küche ist eine Synthese verschiedener Küchen: die Stadtküche, die viele Gewürze verwendet und von Venedig beeinflußt ist; die Küche der »Villa«, reich an Wildbret und Gartengemüsen und mit raffinierten Zubereitungsideen; dagegen ziemlich bescheiden die Festtagsküche der Bauern. Sie basiert auf nur wenigen klaren Aromen und kennt keine Saucen oder Variationen. Das einzige, was es immer gab, war Polenta. »Bisato« und »pasta e fagioli« sind zwei weitere Klassiker der Küche von Treviso. Der »bisato« (Aal) ist der beliebteste Fisch und das typische Gericht für Weihnachten und für Familienfeste. Der Sile und seine Nebenflüsse waren einst reich an Aalen: Man mußte nur die Gitter der Mühlen schließen, und die Aale blieben darin hängen. Sie werden zu Fischsuppe verarbeitet, in Risotti, »in tocio« (geschmort), vom Rost mit Granatapfelsaft, »coi amoi« (mit winzigen, wilden Pflaumen) oder »alle marinelle« (mit sauren Kirschen). Für »bisato uso scampi« werden Aalstückchen in Milch eingelegt, dann in geschlagenem Ei und Mehl und normal in Ei und Semmelbrösel gewendet, dann in Öl fritiert, das mit Lorbeer und Salbei gewürzt ist.

Spezialisiert auf Aal und andere Süßwasserfische ist die Locanda Righetto in Quinto (s. Seite 27 und 107) sowie das Restaurant Gambrinus in San Polo di Piave. Für die »pasta e fagioli« folgt hier ein Rezept von Bepo Maffioli (s. Seite 54):

Die mehligen und weichen Fagioli sind die ideale Ergänzung zu schmackhaftem, fettem Schweinefleisch. Durch langsames Sieden entfaltet sich das Geheimnis einer der vorzüglichsten Suppen der Welt. Auf dem Herd werden Bohnen und Schweinefleisch gekocht, bis das Fleisch sich fast auflöst. Dann herausnehmen und alleine mit etwas Flüssigkeit schmoren. Die verbleibende, sämige Brühe, in der die noch ganzen Bohnen schwimmen, kommt schließlich wieder in den Topf, in dem das Fleisch mittlerweile einen goldbraunen Ton angenommen hat. Man mischt alles, läßt es noch ein wenig köcheln, mahlt dann Pfeffer darüber, und fertig ist die Suppe: Zuletzt werden die traditionellen »tirache«, Tagliatelle aus Grießmehl, daruntergemischt.

Schornsteine eines alten Hauses im Stadtzentrum.

badenden Prinzen. Pastelltöne dominieren die Darstellung: himmelblau, grün, rosa und ocker. Die Leidensgeschichte wird auf diesem Bild zu einem Märchen von Prinzen und Prinzessinnen.

In San Nicolò aus dem 14. Jahrhundert, wenige Schritte vom Ponte de Fero und der angrenzenden Sala del Capitolo entfernt, finden wir nochmals Fresken von Tomaso da Modena: Szenen mit Dominikanermönchen und ihren etwas lustlosen Schülern: Einer spitzt einen Bleistift, ein anderer liest gelangweilt in einem Buch, einer spielt mit einer Lupe. Von vergeistigter Andacht ist nichts zu spüren.

Im **Museo Civico** im Borgo Cavour (innerhalb der Porta Santi Quaranta) lohnt es sich, die Gemälde von Lorenzo Lotto und Tizian anzusehen sowie die Abteilung zeitgenössischer Kunst mit Bildern von Gino Rossi und Alberto Martini, die Stiche von Barbisan und vor allem die wunderschönen Skulpturen von Arturo Martini. In der Villa Lattes in Istrana (Tel. 73 81 59, Via Sauro, 23) kann man eine lohnenswerte Spieldosensammlung besichtigen: Spieluhren und bewegliche Puppen aus dem 18. Jahrhundert, Damen, die ihr Gesicht hinter einem Fächer verstecken; Trommler, Leierkastenspieler; zwitschernde Vögel und vieles andere mehr. In der Villa steht noch die originale Einrichtung inklusive der Kunstsammlung des ursprünglichen Eigentümers.

Auch ein Mythos: Alfredo

Alfredo Beltrame, Begründer der Restaurantkette Toulà, zapfte nach dem Krieg Bier in der Bar unterhalb der Loggia dei Trecento und belegte Panini mit Porchetta. Er war liebenswürdig und temperamentvoll, und um ihn versammelte sich jeden Abend ein heiterer Kreis. Nachdem er eine Zeitlang in internationalen Restaurants und im Cipriani in Venedig gearbeitet hatte, eröffnete Alfredo 1962 in der Via Collalto sein erstes Restaurant. Er richtete es in warmem und raffiniertem Jugendstil ein, mit schönem bemalten Glas, indirekter Beleuchtung, edler Tischwäsche, Silberbesteck und gutem Porzellan. Nach und nach kamen weitere Toulà-Restaurants in Italien und im Ausland hinzu. In Ponzano, im Hinterland Trevisos, bietet das Relais Toulà in einer alten Villa mitten in einem riesigen Garten zwischen Weinreben eine königliche Gastlichkeit (s. Seite 53).

Die Restaurants von Alfredo garantieren eine gepflegte internationale Küche und einen perfekten und freundlichen Service. Aber Alfredo, der mit seinem Charisma den eigenen Mythos nährt, gibt es nicht mehr.

Wer den Rundgang durch Treviso beendet hat, kann dem trägen Fluß aus der Stadt hinaus in Richtung Lagune folgen. Ein Teil seines Laufs wurde vor einigen Jahrzehnten begradigt, um die große Flußwindung von Sant' Antonino abzuschneiden. So entstand in einer Gegend, die durch Lehmgruben verunstaltet ist, vom »toten Sile« eingeschlossen, eine Insel von 40 Hektar, auf der sich besondere Moorvegetation und -fauna ausgebreitet haben. In einer Flußschleife zeugt ein trauriger Schiffsfriedhof mit alten rostigen Kähnen vom regen Flußverkehr, der hier bis in die siebziger Jahre herrschte: Früher wurden auf diesem Wege Mehl, Holz, Steine, später Korn und Kies transportiert. Ende des 19. Jahrhunderts garantierten Flußdampfer sogar einen geregelten Personenverkehr.

Bis zum Zweiten Weltkrieg war der Sile eine der wichtigsten Wasserstraßen Italiens für Warenverkehr. Die gesamte Wirtschaft der Gegend war vom Fluß abhängig: neben den Kahnschiffern (ganze Familien wohnten auf den Kähnen) gab es Familien mit Schleppkähnen und die Cavallanti (sie zogen mit Ochsen oder Pferden vom Ufer aus die Segelboote von der Lagune wieder flußaufwärts). Auch die Fährmänner gehörten fest in das Bild dieser Landschaft. Bis in die siebziger Jahre gelangte man mit einer Seilfähre von einem Ufer zum anderen. Die Comandaressi (die aber zum größten Teil weiblich waren) organisierten den Schichtdienst der Ochsenbesitzer. Heute ist der Warentransport auf dem Fluß fast völlig eingeschlafen. Der Sile wird hauptsächlich von den Motorbooten der Gebrüder Stefanato befahren – Erben einer Dynastie von Kahnbesitzern –, die Ausflüge in die Lagune anbieten. Und an den Ufern sind schöne Spazierwege und Joggerpisten entstanden.

Das erste Dorf, auf das man trifft, ist der alte Flußhafen **Fiera**. Hier war ein regelrechter Umschlaghafen für Waren aus oder nach Venedig, eine Schiffswerft für Reparaturen und Bootsschuppen. Neben Fluß und Hafen fällt der Prato, eine weite, grasbewachsene Lichtung, eingeschlossen von niedrigen Häusern und der einen oder anderen Villa mit Bootsschuppen ins Auge. Die

Die Zinnen des Palazzo dei Trecento sind welfisch und die der Torre Civica ghibellinisch. Dieses Nebeneinander von feindlichen Symbolen ist nur in einer Stadt möglich, die sich ihres ideologischen Skeptizismus rühmt. Es sind aber auch Zeichen wechselnder Herrschaftsverhältnisse. Während der Restaurierungsarbeiten im 19. Jahrhundert schrieb die damalige weltliche Verwaltung, die ganz entschieden antiklerikal war, ghibellinische Zinnen sowohl für den Palazzo dei Trecento als auch für die Torre Civica vor, die bis dahin völlig ohne Zinnen waren. Die Bombardierungen des Zweiten Weltkriegs, bei denen der Palazzo zerstört wurde – die Türme aber unbeschädigt ließen –, erlaubten der neuen Macht, ihm ihren eigenen Stempel mit welfischen Zinnen aufzudrücken!

kleinen Häuschen in engen Gassen unterstreichen den Charakter eines Fischerdorfs. Im 19. Jahrhundert, mit der technologischen Erneuerung der Mühlen, wurde Fiera zum ersten Industriestandort, und das ehemalige Dorf am Fluß bewährte sich als eine erste »rote Bastion«. Der Name Fiera leitet sich von der Messe ab, die hier seit dem 11. Jahrhundert jährlich im Oktober stattfindet: Ein großes Ereignis, das in ganz Norditalien lautstark angekündigt wird. Es symbolisierte den Übergang vom Feudalsystem zu neuem, offenem Handelsdenken. Erst im letzten Jahrhundert begann die wirtschaftliche Bedeutung der Messe zu schwinden. Das Gelände wurde zu einem Vergnügungspark mit Seiltänzern, Akrobaten, Mimen und den ersten primitiven Karussellen. Heute

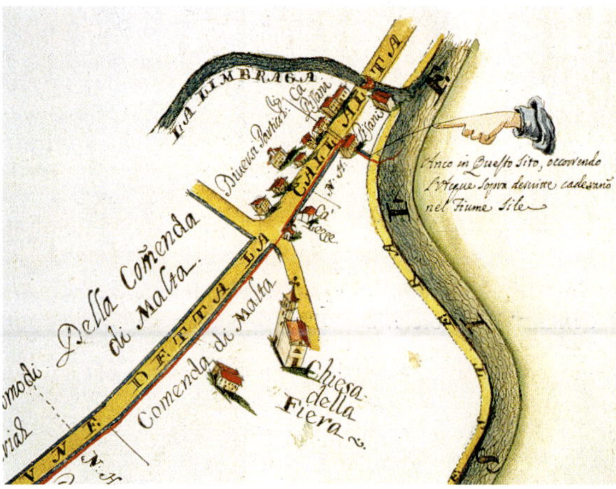

Karte des Borgo di Fiera aus dem Jahre 1733 mit der Mündung der Limbraga in den Sile. Der Bittsteller stellt hier einen Antrag, seine Getreidemühle mit einem dritten Rad ausbauen zu dürfen.

ist es nur noch ein riesiger Rummelplatz, der zwei Wochen lang fast die gesamte Bevölkerung Trevisos anzieht. Die Kinder fahren Karussell und beschmieren sich mit Zuckerwatte, und die Erwachsenen stopfen sich an den Ständen mit Röstkastanien, gegrillter Ente »col saèno«, Tintenfisch mit Reis und Bovoleti aglio e olio voll, die in großen, grün emaillierten Schüsseln serviert werden. Die »Messe« endet mit einem großen Feuerwerk auf dem Sile.

Im folgenden empfehlen wir Ihnen ausgedehnte Spaziergänge entlang der Deiche, zu Fuß, mit dem Fahrrad oder im Kanu, um den »anderen« Sile kennenzulernen.

Am Deich entlang

Auf diesem Stück ist die Natur des Sile weniger beeindruckend als bei seinem Oberlauf. Dafür ist es interessant zu beobachten, wie Menschen hier lebten und leben. Der Sile ist in dieser Gegend ein richtiger Fluß: tief und mit relativ hohen Dämmen. Er fließt nicht mehr auf Höhe der Straße, und dementsprechend ändert sich die Perspektive zum Wasser. Es herrscht nicht mehr das symbiotische Miteinander von Fluß und Mensch. Doch die Landschaft bleibt und verändert sich mit ihrer Umgebung. Noch immer hat das Wasser keine übertriebene Eile. Da das Erdreich lehmig ist, werden die Windungen des Flußbetts immer enger und tiefer. Der Sile ist immer noch ein Fluß, dessen Fluten sich brechen oder aufbrausen. Ruhig fließt er in dem vorgegebenen Bett dahin, auch wenn die Richtung manchmal unklar ist.
Wer am Deich entlangspaziert, sollte hin und wieder an den grasbewachsenen Ufern verweilen, um Anglern, Kanufahrern und Enten und Schwänen zuzuschauen. Anschließend flaniert man ein wenig durch die Straßen und über die Wiesen von Fiera. Zuletzt trifft man auf ein interessantes Industriedenkmal, die rote Mandelli-Mühle. Dann kehrt man um. Das war alles.

Ausgangs- und Zielort:
PONTE DELLA GOBBA

Länge:
6 KM

Voraussichtliche Dauer des Ausflugs:
1 1/2 STD.

Zwischen Mühlen und Osterien

Auf dem Deich fährt man, am Borgo di Fiera vorbei, bis zur Mandelli-Mühle. Wenn man unter der Brücke der Umgehungsstraße durchgefahren ist, gelangt man kurz darauf über einen Steg ans rechte Ufer. An dieser Stelle hindert ein Erdwall den Sile daran, seinem natürlichen Lauf zu folgen (eine schmale Öffnung läßt einen kleinen Teil des Wassers durch). Auf dem folgenden neuen Abschnitt fließt das Wasser in einem begradigten Bett. Über die Via dei Trappi fahren wir um die »Insel« Sant'Antonio herum. Die Landschaft mußte hier immer wieder Verunstaltungen über sich ergehen lassen. Doch der Weg durch den Vorort Villapendola ist sehr schön, kühl und schattig. Er folgt dem ursprünglichen Zick-

Ausgangs- und Zielort:
PONTE DELLA GOBBA

Länge:
12 KM

Voraussichtliche Dauer des Ausflugs:
1 STD.

zackkurs des Sile. Hinter der Chiesa di Sant'Antonio gelangt man zu den ruhigen kleinen Seen von Casier, die sich in ehemaligen Lehmgruben gebildet haben und heute Ausflugsziel vieler Angler sind. Auf der anderen Seite des Flusses befindet sich der Hafen von Casier mit seinem Weiler und der Kirche am Ufer. Man überquert den Fluß auf der Brücke des Elektrizitätswerks von Silea und fährt auf der linken Flußseite weiter bis zur Osteria der Schiffer Da Nea (s. Seite 110), wo man frisch fritierten Fisch essen und sich die Geschichten der Fischer und Schiffer erzählen lassen kann. Entlang des regulierten Flußabschnitts fährt man auf dem Deich zurück bis zur Ponte della Gobba.

Villen und Dörfer am Fluß

Am rechten Ufer beim Freizeitheim des Krankenhauses oder am linken Ufer beim Makallè in Fiera kann man einschiffen. Auf dem Wasser geht es dann bis zur Schleuse des Elektrizitätswerks von Silea, die man über Treppchen leicht umgehen kann.

Die Ufer sind sehr grün, mit lichten Erlen-, Pappeln- und Weidenwäldchen. Schön sind die Villen, deren Fassaden zum Fluß zeigen: die Villa Barbaro-Battaggia in Silea mit einer Freitreppe, die zwischen Weiden zum Sile hinabführt, und die Villa Cervellini in Cendon, wo der Sile mit dem Nerbon zusammenfließt. Auf Höhe der Kirche von Cendon, die sich am Damm befindet, ist der Anlegeplatz der Fähre: bis 1914 konnten hier Fußgänger, Radfahrer, aber auch Autos und Lastwagen mit Hilfe eines Schleppseils das gegenüberliegende Ufer erreichen.

Weitere Villen am Weg: Villa Mantovani und Villa Dall'Aglio-Gabbianelli aus dem 15. Jahrhundert in Lughignano, die von der Königin von Zypern für ihr Edelfräulein Fiammetta erbaut wurde: hinter einer Reihe von Pappeln und Zypressen erinnert die klare Fassade mit Laubengang an die Zeit der Feste und Madrigale. Leider ist die Villa innen schlecht renoviert. Eine Zeit war sie Lagerhaus für die Gerätschaften der Bauern, und heute wird sie wie die Oldtimer stundenweise als »Bühnenhintergrund« für Hochzeiten vermietet. Hinter der »boaria« della Celestia, einem interessanten alten Landwirtschaftsgebäude, kommt man zum Hafen von Casale. Hier ist der Anlegeplatz der Gebrüder Stefanato (sie organisieren Motorbootausflüge von Treviso oder Casale nach Venedig). Casale war schon immer eine Ortschaft am Fluß. Alles richtet sich zum Fluß. Der Ort wird von dem großen runden Bau des Turms der Carraresi aus dem 14. Jahrhundert überragt. Beim Anlegeplatz, der von einer Reihe riesiger Pappeln und Zypressen überschattet wird, endet der Ausflug.

Der Sile windet sich träge zwischen Weiden- und Pappelwäldern dahin, vorbei an verlassenen Lehmgruben und Ziegelbrennereien. In Musestre nimmt er einen namenlosen Nebenfluß auf. In Teplade kann man einen Spaziergang auf dem Kanaldamm machen, der bis zu den frühvenezianischen und römischen Ausgrabungen von Altino führt. Hinter der Schleuse des Silone-Kanals von Portegrandi erreicht man nach 10 Kilometern die historische Mündung des Sile: weiter vorn sieht man Torcello liegen.

Ausgangsort:
FIERA

Zielort:
CASALE SUL SILE

Länge:
14 KM

Voraussichtliche Dauer des Ausflugs:
3–4 STD.

Auf dem Musestre

Ausgangsort:
SAN MARTINO

Zielort:
ZUSAMMENFLUSS MIT DEM SILE

Länge:
16 KM

Voraussichtliche Dauer des Ausflugs:

$^{1}/_{2}$ TAG

Kajak- und Kanuliebhabern bieten wir hier eine weitere Route zwischen niedrigen Dämmen in einem kleinen Quellfluß, der dieselben landschaftlichen Reize aufweist wie der Oberlauf des Sile. Leider haben auch hier Forellenzuchtanlagen die Umwelt negativ beeinflußt.

Den Ausflug mit dem Kanu unternimmt man am besten im Frühjahr, da die wuchernden Wasserpflanzen, die mittlerweile niemand mehr schneidet, im Sommer die Schiffahrt an vielen Stellen erschweren. Der Musestre entspringt in der Nähe der aufsteigenden Quellen in der Gemeinde Breda und nimmt in seinem Verlauf weitere Bäche und Quellen auf. Das Wasser ist so sauber, daß sich hier der Berufsstand der »Wäscher« entwickelte: Mit dem Boot fuhren sie nach Venedig und holten die Wäsche der wohlhabenden Familien, die sie im Musestre wuschen. Sie organisierten sich in Kooperativen, die bis zur Erfindung der modernen Waschmaschine funktionierten.
Man kann aber auch in San Martino, einem Ortsteil von San Biagio di Callata, einschiffen. In San Martino steht ein schönes spätmittelalterliches Oratorium (1 1/2 Kilometer von der Staatsstraße 53 Treviso-Oderzo entfernt, auf der Landstraße, die an der Trattoria »L'escargot« vorbeiführt). Das erste Stück des Flusses hat eine ziemlich starke Strömung und führt in Windungen durch grüne Tunnel aus Weiden und Erlen hindurch, nach Spercenigo dann zwischen Wiesen und Pappelhainen durch eine ruhige und stille Landschaft, vorbei an den Parks einiger Villen. Ab und zu trifft man auf eine Feldkirche mit grün bewachsenem Kirchplatz und Fassade, die zum Fluß zeigt; z. B. die mittelalterliche Kirche von San Valentino, kurz vor Biancade, mit dem auffälligen schiefen Glockenturm. Oder jene von Musestre, am Zusammenfluß mit dem Sile, die auf beide Flüsse blickt.
Die Umsetzung an der Mühle von Roncade, auf einer Insel erbaut, ist ein wenig schwierig. Etwa 200 Meter muß man mit dem Kanu auf dem Rücken zu Fuß zurücklegen. Roncade verdient auf jeden Fall einen Besuch. Im Ortskern finden Sie viele schöne Laubengänge, und auch die Schloßvilla Giustinian aus dem 16. Jahrhundert mit Ringmauern und Türmen (heute in Besitz der Barone Ciani-Bassetti, die Qualitätsweine produzieren) ist sehenswert. Flußabwärts von Roncade trifft man auf alte Boote, die an den kleinen Brücken und den bescheidenen Steinbänken der ländlichen Häuser am Fluß vertaut sind. Sie sind Zeugen eines Lebens am Fluß, das noch nicht so lange zurückliegt. Leider macht sich auf dem letzten Stück die Autobahn mit ihrem betäubenden Lärm bemerkbar. Hinter der Autobahnbrücke muß man bei der letzten Mühle des Musestre das Kanu mit einem Sprung ins Wasser umsetzen. Kurz vor dem Zusammenfluß mit dem Sile fährt man noch an der Villa Corner Pisani aus dem 16. Jahrhundert vorbei, die inzwischen baufällig ist.

Ausgangsort:
SAN BIAGIO DI CALLALTA

Zielort:
ZUSAMMENFLUSS MIT DEM SILE, PORTEGRANDI

Länge:
21 KM

Voraussichtliche Dauer des Ausflugs:

½ TAG

Entlang des Vallio

Diese Route weist ähnliche Charakteristika auf wie die vorherige: Empfehlenswert ist vor allem der Oberlauf, aber nicht im Sommer. Leider ist von der sehr waldreichen Landschaft, die einstmals Venedig und die Küste mit Holz versorgte, fast nichts mehr zu sehen. Eingeschifft wird in San Biagio (hinter der Abzweigung nach Rovarè). Nach etwa einem Kilometer teilt sich der Fluß. Seine Arme speisen den Wassergraben der ehemaligen Villa Da Lezze-Onesti aus dem 17. Jahrhundert, von der außer einem Wachturm nichts übriggeblieben ist. Nach dem Zusammenfluß mit dem Vallio werden die Dämme höher und die Windungen häufiger. In Vallio steht eine Feldkirche mit einem grasbewachsenen Kirchplatz und einem Springbrunnen, der aus einer nie versiegenden Quelle gespeist wird. Hinter der Autobahnbrücke erfolgt der Zusammenfluß mit dem Meolo, einem weiteren Gebirgswasserfluß, der einst gut schiffbar war. In Santa Maria del Pero gab es sogar einen kleinen Flußhafen, der dem alten Kloster diente. Doch auch davon sind nur eindrucksvolle Ruinen zu sehen. Heute behindern Wasserpflanzen an vielen Stellen das Paddeln. In Ca' Tron sind weite Gebiete trockengelegt. Links und rechts des begradigten Flusses dehnen sich öde, baumlose Felder aus. Das Wasser ist hier über einen Meter tief. Kurz vor Portegrandi mündet der Vallio in den Sile.

Sommer: Melonen, die im Sile »eingeweicht« werden.

Sehen und verstehen

Die Kultur der Villa

»... damit das Auge wahrzunehmen glaubt, was es nicht sieht ...«

Das Leben in der Natur und zugleich die Wahrnehmung von natürlicher und gestalteter Landschaft haben in Venetien eine weit zurückreichende Tradition. In diesem Zusammenhang sei nochmals auf Giorgione verwiesen, der in den Details seiner Gemälde nicht nur ein ästhetisches Programm wiedergibt, sondern Licht und Landschaft seiner Heimat abbildet. So beispielsweise im Hintergrund der »Thronenden Madonna«, die Sie im Dom von Castelfranco betrachten können. Die Personen auf dem Gemälde sind genauso integrativer Bestandteil der Landschaft wie die Architektur. Der Wald wächst anscheinend, ohne daß Menschenhand eingreift. Erst bei näherer Betrachtung wird man erkennen, daß sich ganz bewußt angelegte Wege durch die Landschaft ziehen.

Ähnliche Motive sind später wieder zu beobachten, als im 16. Jahrhundert in Venetien die Kultur der Villen entsteht. Dabei ist das Phänomen der venetischen Villa architektonisch in seiner Art einmalig und nahm Einfluß auf viele Jahrhunderte Baugeschichte. Die Villen Venetiens und die Leistung Andrea Palladios, des bedeutendsten Baumeisters des Cinquecento in dieser Region, ist nur im geschichtlichen, wirtschaftlichen und gesellschaftlichen Gesamtzusammenhang zu erklären.

Nach Jahrzehnten kriegerischer Auseinandersetzungen erlebte die Serenissima zu Beginn des 16. Jahrhunderts eine Zeit des Friedens und der Konsolidierung. Ihr Herrschaftsraum umfaßte nun größere Festlandsgebiete in der Poregion. Der ansässige Feudaladel wurde gezwungen, sich auf die Verwaltung seiner Ländereien zu beschränken. Gleichzeitig begann die Aristokratie der Lagunenstadt, Liegenschaften auf dem Festland zu erwerben. Feudaladel und venezianische Aristokratie hatten so plötzlich ein gemeinsames Interesse: die Kultivierung von Ländereien, die lange brachgelegen hatten und die in Zukunft Gewinne abwerfen sollten. Dies konnte nur gemeinsam mit einer Neuorganisation der Verwaltung vonstatten gehen. Dabei wollte der venezianische Adel nicht auf seinen feudalen Lebensstil verzichten. Der Rückzug auf das Festland war vor allem der Entspannung und dem Müßiggang gewidmet. So kann man heute berechtigterweise von einer stillen landwirtschaftlichen Revolution sprechen, verbunden mit der Herausbildung eines neuen feudalen Patriziertums.

Auf diese Situation traf Palladio, als er seine ersten Aufträge in Venetien bekam. Er entwarf entsprechend den Bedürfnissen seiner Auftraggeber das Konzept eines Landsitzes mit klassizistischer Villa und umfangreichem Wirtschaftskomplex. Die Villa verkörpert die aristokratische Würde, war Ort der Selbstdarstellung. Großzügige Loggia, oft doppelstöckig, Fassade mit vorgesetztem Giebelfeld und weite Treppen blieben die traditionellen Elemente seiner Formensprache. Die Architektur sollte sich immer in die Landschaft einfügen. Durch die Wahl günstiger Standorte gelang Palladio die Synthese zwischen dem »Angenehmen« und dem »Nützlichen«, die seinen Auftraggebern vorschwebte. Hinter der Villa verbargen sich funktionale Landwirtschaftsgebäude, meist direkt an Wasserstraßen angeschlossen, die als Kommunikations- und Transportwege dienten. So konnte der Patrizier seinen feudalen Aufgaben mühelos nachkommen.

Für die Villa Emo di Fanzolo wählte Palladio beispielsweise ein Stück Boden an einem kleinen Fluß, das »den Platz sehr schön und angenehm« machte.

Die Villa Barbaro in Maser errichtete er in der Nähe einer Quelle, die er zu einem Fischteich aufstaute: »Von dieser Stelle fließt das Wasser in die Küche und bewässert dann den Garten … schließlich zwei Fischteiche, kombiniert mit Viehtränken oberhalb der öffentlichen Straße. Von dort wird der große Nutzgarten bewässert, der reich ist an köstlichen Früchten und verschiedenem Wild.« So ist das Wasser Lebensspender für Mensch, Tier und Pflanzen.

Wenn Sie keine Zeit haben, die vielen venetischen Villen zu besuchen, sollten Sie zumindest versuchen, die Villa Barbaro in den Asolanischen Hügeln als typischstes Beispiel zu besichtigen. Berühmt wurde diese Villa auch durch die Fresken Paolo Veroneses. Seine Trompe-l'oeil-Malerei führt im Inneren zu räumlichen Verzerrungen, die vielleicht gar nicht im Sinne des Architekten gewesen sind.

Neben der Synthese zwischen Villa und Hof entwickelte Palladio später den Typus Landsitz, der nur mehr die humanistischen Ideale seiner Bauherrn widerspiegelte. Auf Wirtschaftsgebäude verzichtete er hier zugunsten einer feudalen Gartenanlage. Selbstdarstellung und Müßiggang waren allein der angemessene Zweck dieser Gärten, die den individuellen Reiz der jeweiligen Landschaft noch unterstreichen. Dieses Gartenkonzept und Palladios Formensprache fanden über die Jahrhunderte in vielen Ländern Nachahmung. So nimmt es nicht wunder, daß vor allem englische Reisende des 18. Jahrhunderts in der Landschaft Venetiens eine Stimmung widergespiegelt fanden, die manche zum Bleiben bewegte.

Die »Thronende Madonna« in Castelfranco. Altarbild von Giorgione (Ausschnitt).

Ausgangs- und Zielort:
CORNUDA

Voraussichtliche Dauer des Ausflugs:
2 TAGE

Abstecher von:
ASOLO

Asolo, die Villen und der Monte Grappa

Über Cornuda, Maser, San Zenone degli Ezzelini, Borso, Asolo, Monfumo, Crespano, Possagno, Cavaso und Onigo

Ausflüge:
MONFUMO, MONTE GRAPPA

Die Asolanischen Hügel und der Monte Grappa

Asolo, die Villen und die Almen

Die vorgeschlagene Rundtour beginnt und endet in Cornuda. Als erste Etappe ist die prachtvolle palladianische Villa in Maser vorgesehen. Dutzende und Aberdutzende anderer venetischen Villen, die das faszinierende Gefühl eines ruhigen, elitären Lebens vermitteln, begegnen uns entlang der Straße, die im Süden am Fuße der Montagnole, der Höhenzüge von Asolo bis nach San Zenone degli Ezzelini verläuft. Von dort geht es dann weiter Richtung Norden, nach Borso del Grappa, und schließlich am Fuße des Berges von Westen nach Osten durch Kastanienwälder, Weinfelder, Obstgärten mit Feigen, Sauerkirschen, Äpfeln und Oliven, Gemüsegärten mit Erbsen und Bohnen. Die Straße verläuft zwischen den Hügeln von Asolo und Monfumo auf der einen Seite und den sonnigen Hängen des Monte Grappa auf der anderen. Man kommt an alten Siedlungen mit Mühlen, Strickereien und Spinnereien vorbei: Crespano, Possagno, Cavaso und Onigo. Auf der Strecke bieten sich zahlreiche Möglichkeiten für eine Rast oder Umwege. So auch in Asolo, wo man zu Fuß oder mit dem Fahrrad über einen der vielen eindrucks-

Villa Barbaro (Maser), Vorderansicht. Eines der typischsten Beispiele für die Anlage und Architektur der palladianischen Villen im Veneto.

TIPS & INFOS

Ausführliche Informationen finden Sie auf Seite 104

MASER

28 km von Treviso
Einwohner: 4616
Höhe: 147 m ü. d. M.
Postleitzahl: 31010
Vorwahl: 0423

Informationen

Municipio
Tel. 92 31 26

ESSEN

Da Bastian
Via Cornuda
Stadtteil Muliparte
Tel. 56 54 00
Mittwoch abends und donnerstags geschlossen

Agriturismo Il Giardino
Via Volina, 38
Ortsteil Crespignaga
Tel. 52 92 90

EINKAUFEN

Wein, Öl

Azienda Villa Maser
Via Cornuda, 1

vollen Waldwege zu der schönen Stadt auf dem Hügel gelangt. Dasselbe gilt für die Hügel von Monfumo und die Grotten am Fuße des Monte Grappa, wo die verführerischen Wassergöttinnen wohnen; und schließlich auch für die Hochebene, wo man über die Weiden wandern und die gelbe Kleebutter, Milch und Käse, die nach Thymian und Kleeröschen schmecken, sowie Risotti und Suppen mit dem unverwechselbaren Aroma von wilden Kräutern probieren kann.
Vor Millionen Jahren begann sich nach dem Aufeinanderprallen der Erdschollen des afrikanischen und des euroasiatischen Kontinents über dem flachen Grund des Ozeans Tethys das großartige Massiv des Monte Grappa zu falten, umgeben von einem Kranz kleiner Hügel. Als Erinnerung an seine Vergangenheit hält der Berg in seinen Felsen Millionen von Muscheln und Fischen verschlossen. Mehr als tausend Meter erhebt er sich über die umliegenden Hügel und schützt vor den Winden aus dem Norden. Er hält die Wolken auf, die den karstigen Tälern ergiebige Regenfälle bescheren. Auf den umliegenden Hügeln tritt das Wasser in frischen Quellen wieder zutage.
Dem Monte Grappa verdanken die Asolanischen Hügel das fruchtbare milde Klima. Hier blühen und gedeihen Mandeln, Kirschen und Oliven auf einem Breitengrad und in einer Höhe, die sonst für diese Pflanzen ungewöhnlich sind. Die satten, feuchten Wiesen dampfen in der milden Luft. Über den Wäldern und Hügeln, oberhalb der Obstgärten und Olivenhaine, entstehen Dunst und Nebel, in denen sich das Licht in allen Regenbogenfarben bricht. Kastanien- und Olivenbäume, Zypressen, Steine, Erde und Wolken bekommen einen ganz eigentümlichen Charakter, der die Konturen verschwimmen läßt. Die Hügel bieten ein unregelmäßiges Bild: weiche Kuppen wechseln mit spitzen Hörnern, liebliche Täler mit klaffenden Schluchten. Die Hänge fallen nicht einfach nur ab, sondern falten sich wie eine zerknautschte Decke und bilden so eine Unmenge von Erhebungen und Abbrüchen. Das ständig wechselnde Licht verstärkt dabei den Eindruck von Auflösungseffekten.
Die landwirtschaftlich genutzten Felder lassen keine Geometrie erkennen. Unregelmäßige und verstreute Anpflanzungen mit Oliven, Feigen, Kirschen und Mandeln fangen das Licht der sonnigen Hänge ein. In den Talkesseln bilden die Sommereichen, Kastanien und Schwarzbuchen dunkle Schatten. Dazwischen stehen,

wo natürliche Stufen im Boden es anbieten, einzelne Reihen mit Weinreben. Zypressen deuten auch auf größere Bauwerke hin, stehen aber selten in einer Allee. Obwohl jede systematische Ordnung fehlt, hat man nicht den Eindruck von Unordnung. Die Landschaft wirkt wie ein großer Garten. Man ahnt die Menschenhand, die die Gegend kultivierte und prägte. Zunächst waren es die venezianischen Adelsfamilien mit ihren Villen und Gutshöfen, dann das Großbürgertum, das sein Vermögen vor den Türken und später vor den Spaniern in Sicherheit bringen wollte. Diese aufklärerische Kolonisierung führte zu Formen der landwirtschaftlichen Produktion und einer Verwaltung von Grund und Boden bis zu gezielter Trockenlegung und Regulierung der Gewässer, die eine neue Landschaft, aber auch eine neue Lebensform mit eigener Kultur bestimmten. Die »Kultur der venetischen Villa« verknüpfte eine fortschrittliche Regierungsform und vor allem eine auf Produktionssteigerung ausgerichtete Planwirtschaft mit der Förderung individuellen Wohlbefindens. Der Schriftsteller Alvise Cornaro führte Mitte des 16. Jahrhunderts in seiner Schrift »Über das genügsame Leben« sein ehrwürdiges Alter von 90 Jahren in geistiger und körperlicher Gesundheit auf die Vorzüge eines »Lebens in der Villa« zurück.

Die Adelsvillen waren jedoch nicht autark, sondern wohl organisiert und auf gewisse Weise einer übergeordneten Aufsicht unterstellt. Fünf Jahrhunderte auferlegte Venedig der Region den »venezianischen Frieden« und erstickte damit die erbitterten Feudalkämpfe zwischen den Familien, die die Legenden über unglaubliche Grausamkeit genährt hatten. Der Staat regelte und überwachte die Landwirtschaft, das Gesellschaftsleben und die Entwicklung verschiedener Textilhandwerke. So dämmerte die »Magnifica Comunità Asolana« zwar in einem Halbschlaf, aber die Region erlangte Wohlstand.

Seit zwei Jahrhunderten gibt es diesen Staat hier nicht mehr. Im 19. Jahrhundert übertrug die pedantische, aber ineffiziente österreichische Herrschaft die Ordnungsmacht den Pfarreien. Sie vernachlässigte in nicht wiedergutzumachender Weise die Landwirtschaft und brachte somit große Armut über die Region. Auch das aufkommende

Die Villa Barbaro wurde von Paolo Veronese mit herrlicher Trompe-l'oeil-Malerei ausgestattet.

Besichtigung: März bis Oktober: Dienstags, samstags, sonn- und feiertags von 15–18 Uhr. November bis Februar: Samstags, sonn- und feiertags von 14.30–17 Uhr.
Vom 24. Dezember bis 6. Januar und an Ostern geschlossen.
Telefonische Vereinbarungen: Tel. 0423/56 50 02.

Die Zucht von Seidenraupen hat in der Gegend von Treviso eine lange Tradition und wird auch heute noch betrieben.

Bürgertum kümmerte sich nicht um diese Gegend. Wer sich Landerwerb nicht leisten konnten, ging fort. Horden von Besitzlosen zogen auf der Suche nach Holz, Früchten und Vieh durchs Land.

Der große Aufschwung kam erst in den letzten Jahrzehnten mit der Ansiedlung kleinerer Unternehmen: Der westliche Teil der Provinz Treviso, von Montebelluna bis zur Grenze der Provinz Vicenza, zählt heute einen Betrieb auf zehn Einwohner. Individualismus und neuzeitlicher Wohlstand haben hier den Sieg über die staatliche Überwachung davongetragen. Er bedeutet die Zerstörung der Gegend durch Fabriken, Handwerksbetriebe und privaten Wohnungsbau, dem gemeinschaftliches Denken fremd ist. In der Vergangenheit wurde auch bei der kleinsten Baumaßnahme auf Homogenität geachtet, doch die moderne Verunstaltung beschränkt sich vor allem auf den Landstrich zwischen den Hügeln von Montebelluna bis Bassano. Die Täler und Hügel im Innern, zwischen den Montagnole von Asolo und dem Monte-Grappa-Massiv, blieben zum Glück verschont. Hier entstellen nur die vielen Lehmgruben, die von den ortsansässigen Brennereien genutzt werden, die Natur.

Technologierevolution im weißen Herz Venetiens

Der unternehmerische Erfindungsgeist, der in der Gegend zwischen Montebelluno und dem Brenta nach Jahrhunderten der Lethargie und des Elends gerade erst auflebt, fürchtet keine Konfrontationen. In dem gesamten Gebiet wimmelt es nur so vor mehr oder weniger kleinen Firmen, die sich auf fast allen Produktionssektoren erfolgreich hervortun.

Aber hier, im weißen und katholischen Herzen Venetiens, wo die Aufsicht der Kirche und der Pfarreien immer bis in das Privatleben hineinreichte – nicht umsonst wurde Papst Pius X. hier geboren und hinterließ seine Spuren –, ist die Frömmigkeit immer noch sehr tief verwurzelt. Und trotzdem hat man sich dem Wirtschaftsboom und moderner Technologie, die an die Stelle einer Jahrhunderte alten bäuerlichen Kultur getreten sind, sehr gut angepaßt, ohne die tiefen religiösen Überzeugungen in Frage zu stellen. Dafür spricht jedenfalls, daß ein gutgehendes Unternehmen aus Maser, die Firma Genuflex, mit ultramodernen Kircheneinrichtungen Geschäfte macht. Aber alles hat seine Grenzen: mit jeglichem Komfort ausgestattete Beichtstühle, Klimaanlage inbegriffen. Der Geschäftsführer hat mit Empörung die Meldung, er habe Beichtstühle mit Fax produziert, dementiert. Aber wie denn! Damit würde ja das Prinzip der Allwissenheit in Frage gestellt. Und unsere kleinen Unternehmer wissen ja, daß man die Konkurrenz respektieren muß, wenn man Geld machen will.

Wie große rote Wunden klaffen sie in den Hügel mit wildwuchernden Brombeersträuchern und in den Wiesen und verlassenen Feldern.
Egal, von welcher Seite man sich Asolo nähert, die Villen, die erst nur verstreut waren, liegen immer dichter beieinander. Sie haben kaum mehr Merkmale eines Gutshofs, dafür mehren sich die Charakteristika eines Landsitzes. Es gibt einige eindrucksvolle, wie die Villa Barbaro, aber es dominiert, wie überhaupt in der ganzen Provinz, ein Villentypus, der nicht bombastisch ist, sondern durch harmonische Proportionen, sensible Details und Einklang mit der Natur beeindruckt.

In Fanzolo di Vedelago befindet sich die Villa Emo, gebaut nach Plänen von Andrea Palladio. Die ausgewogene Wirkung der Architektur basiert nur vordergründig auf einer Spiegelsymmetrie. In Wirklichkeit wurde Palladio von den neuplatonischen Prinzipien seiner Zeit beeinflußt. Seine Bauwerke basierten auf einem dialektischen Konzept der Symmetrie zwischen den Teilen und dem Ganzen. Palladio schwebte eine allumfassende Harmonie vor. Die vordergründige Schlichtheit und die klaren Linien verbergen ein komplexes System von Kalkulationen mit irrationalen und inkommensurablen Zahlen, geometrischen Anspielungen einer faszinierenden Symbolsprache. Besichtigung: Dienstags, samstags und sonntags von 15 bis 19 Uhr. Tel. 0423/47 63 34 oder 48 70 40.

Wenn man von **Maser** nach **Crespignaga** kommt, wo im Tal der Ru, von der Sorgente della Regina, der Quelle der Königin, eine unterirdische Wasserleitung von mehreren Kilometern ihren Ursprung hatte, die die Brunnen des Barco di Altivole speiste, trifft man auf zwei schöne Villen aus dem 18. Jahrhundert: Villa Querini und Villa Michieli-Adami sowie La Pasina (erbaut zu Beginn des 19. Jahrhunderts, aber im Stil des 18. Jahrhunderts). Dieser jüngere Stil, einfach, aber schlank und elegant – Eingänge mit Bögen in farbigem Stein, dreibogige Fenster, Balkone, Giebel, Türme, Dekorationen in Marmor und Stuck –, fand weite Verbreitung, weil er den wohlhabenden Bürger zusagte, die einen schmucken, nicht einen prunkvollen Eindruck vermitteln wollten, gemäß dem venetischen »Maß« und der Maxime von Alvise Cornaro: »Lieber ein Haus, das bescheiden und wohnlich ist, als eines, das prunkvoll, aber ungemütlich ist.«
In dieser Gegend gibt es Hunderte von Villen, deren Architekten unbekannt blieben. Sie ähneln sich, aber keine ist wie die andere. Leider sind seit dem letzten Jahrhun-

TIPS & INFOS

Ausführliche Informationen finden Sie auf Seite 110

SAN ZENONE

38 km von Treviso
Einwohner: 4571
Höhe: 117 m ü.d.M.
Postleitzahl: 31020
Vorwahl: 0423

Informationen

Municipio
Tel. 96 84 78

ESSEN

Alla Torre
Via Castellaro, 17
Ortsteil Sopracastello
Tel. 56 70 86
Dienstags und Mittwoch mittags geschlossen

EINKAUFEN

Heilkräuter

Erboristeria Parrocchiale Madonna della Salute
Piazzale Chiesa

PFERDEAUSFLÜGE

Centro ippico Valgranda
Via Cime, 21
Ortsteil Sopracastello
Tel. 96 87 11

dert viele verlassen oder zu einfachen, manchmal grotesken Zweckbauten verkommen. Die Villa Barbini in **Casella d'Asolo**, im 17. Jahrhundert erbaut, wirkt dagegen üppig barock. Dabei ist sie nicht übertrieben groß, doch die palladianischen Gestaltungselemente sind furios eingesetzt: majestätische Freitreppe, doppelte Arkadengänge im Zentralbau und den Seitenflügeln, Balustraden, Säulen, Pilaster, zahllose Statuen sowie Kranzgesimse, ein Garten im italienischen Stil und großzügige Auffahrt.

Wenn man den Foresto Vecchio hinaufläuft, zwischen Gärten, die von alten, efeubewachsenen Mauern umgeben sind, gelangt man zur Villa Zen. Das Bauwerk aus dem 16. Jahrhundert mit großen und lichten Seitenflügeln ist in klaren Linien gehalten. Unterhalb der Aussichtsterrasse und den Seitenflügeln der Villa Galero liegt versteckt im Grünen das Haus des Meisters Malipiero.

Wenn man von Westen über die Bassanese nach **San Zenone degli Ezzelini** kommt, gleicht die Bauweise der Villa di Rovero einer Orchesterpartitur. Der Betrachter erlebt bewegtes Spiel aus Licht und Schatten, Auf und Ab, mit der langen Treppe, die als Verbindung zwischen Garten, dem schönen Limonenhain und des Piano Nobile fungiert. Der sanft abfallende Hügel wird so noch unterstrichen.

Egal, auf welchem Foresto man nach Asolo hinaufgeht, der Weg führt immer an einigen Villen vorbei und durch zauberhafte Gärten (oftmals Hängegärten) mit Statuen und Brunnen, Zypressen und Glyzinien. Das Fassadenprogramm umfaßt immer auch Giebelfeld und Freitreppe, die die Hanglage betonen; Seitenflügel und Taubenschläge, Statuen und kleine, dekorative Türme sind fester Bestandteil der Gesamtkonzeption. Loggien, Bogengänge, Fenster mit Architraven, Dreipaßbögen, Ovale und Balkone lockern die strenge Architektur auf und geben den Bauwerken einen licht- und luftdurchfluteten Charakter.

Die Rocca di Asolo ist in dem Labyrinth der Hügel und Anhöhen dank ihrer imposanten Gestalt auch aus der Ferne gut erkennbar. Seit tausend Jahren ist sie geographischer und symbolischer Mittelpunkt der Gegend. Wie ein erratischer Block steht sie in der Landschaft und scheint von vergangenen Zeiten zu berichten. Aber Ausgrabungen, die hier kürzlich stattgefunden haben, haben keine der Legenden um die Burganlage aus vorrömischer Zeit bestätigt.

Asolo auf einer Karte aus dem Jahre 1621. Dem Bittsteller geht es um die Genehmigung, das Flußwasser zur Bewässerung gebrauchen zu dürfen. Auf der Darstellung sehen wir die Rocca, Villen und Burgen über tiefen Tälern und Hügeln sowie die sogenannte »Strada delle Zoppe«, die Straße der Hinkenden.

Das Städtchen **Asolo,** das unterhalb der Rocca liegt, ist Treffpunkt der Seelenmenschen: Seit Jahrhunderten verzauberte die Stadt viele, die als Reisende gekommen waren, so daß sie sich entschlossen, zu bleiben. Auf den umliegenden Hügeln bewundert man die friedliche Natur. Faszinierend ist die Perfektion, mit der sich der Mensch den Ort zu eigen gemacht hat. Es gelang ihm, eine »künstliche« Landschaft zu formen, in der alles im Gleichgewicht ist, geschlossene und offene Räume sowie vertikale und horizontale Linien. Für den inneren Zusammenhalt der Anlagen sorgen die Details: Tore und Plätze, von Wegen unterbrochen, die Gärten und Terrassen verbinden, sowie die hohen, dunklen Zypressen und die kugeligen, silbrigen Olivenbäume; baum- oder grasbewachsene Gebirgskämme, Wasser, Felsen und rötliche Erde, die Plätze mit Niveauverschiebungen, Straßen mit Arkadengängen; die luftigen Palazzi und die geduckten Häuser, die warme Farbe von Backsteinen, Holz und Terrakotta. Diese Symbiose aus natürlicher, eingebildeter und konstruierter Landschaft hat mit sich gebracht, daß die Menschen nichts Bodenständiges haben, daß sie kommen und wieder weiterziehen.

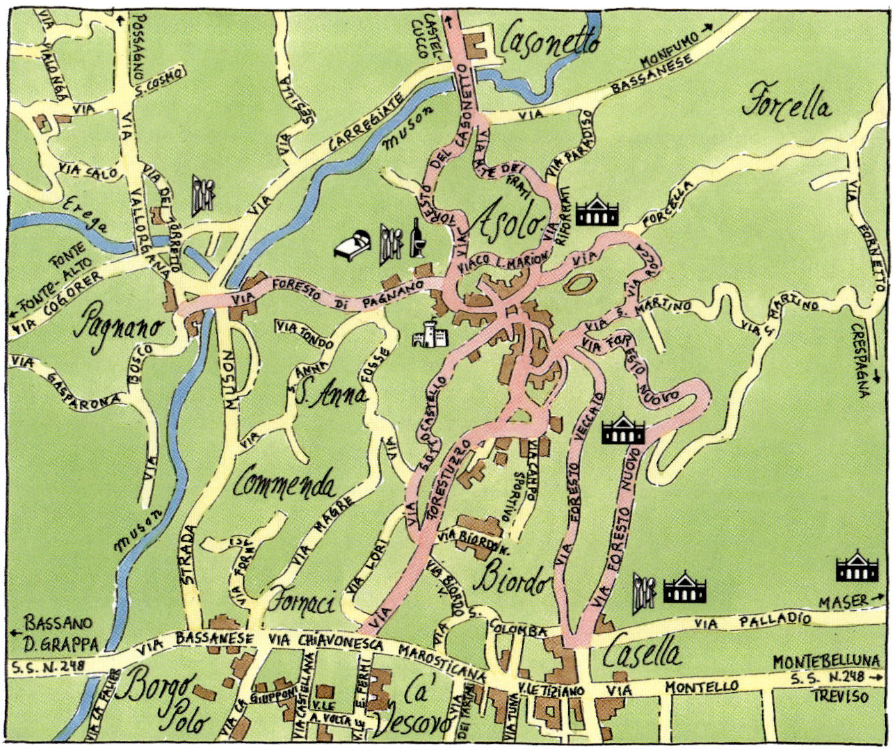

TIPS & INFOS

Ausführliche Informationen finden Sie auf Seite 96

ASOLO

34 km von Treviso
Einwohner: 6295
Höhe: 190 m ü. d. M.
Postleitzahl: 31011
Vorwahl: 0423

Informationen

Municipio
Tel. 5 58 41

APT
Via Santa Caterina, 258
Tel. 52 90 46 / 52 41 92

ÜBERNACHTEN

Villa Cipriani
Via Canova, 298
Tel. 95 21 66

Duse
Via Browning, 190
Tel. 5 52 41

Man atmet hier den freien Geist, geprägt von dem Erbe des Hofes der Caterina Cornaro, des Kreises um den englischen Dichter Robert Browning, der Schauspielerin Eleonora Duse und der Forscherin und Schriftstellerin Freya Stark. Man hat immer gewußt, sich vor Provinzialismus zu hüten. Dies beweist ein Blick in die Hotels oder in die besseren Restaurants, die eleganten Läden und Ateliers der Schneider, Sticker, Töpfer und Goldschmiede; denn nicht einmal die Händler und Handwerker sind hier geboren, auch wenn sie gelernt haben, qualifizierte Traditionen wie die der Antica Tessoria Asolana wiederzubeleben. Sie produziert auf jahrhundertealten Webstühlen herrliche Handarbeiten aus Seide und Kernfaden in den Pastelltönen der Gemälde von Giorgione, Tiepolo und Veronese nach Vorlagen berühmter Designer und Architekten. Ähnliches gilt für die Scuola dell'Antico Ricamo e Arazzo, eine Stickerei- und Bildwirkereischule. Hier werden wertvollste Stickereien nach alten Techniken hergestellt. Das Hotel Cipriani, das in einer Villa aus dem 15. Jahrhundert mit schönem Garten und Belvedere untergebracht ist, bietet Gastlichkeit auf internationalem Niveau. Dieses Gefühl, entwurzelt zu sein, einer anderen, einer weiteren, unfaßbaren Welt anzugehören, hat Asolo noch großzügiger werden lassen, als die Stadt der Loggien und »hundert Horizonte« sowieso schon war.

Die Villa Pasini in Asolo, im Hintergrund die Festungsruine der Rocca.

Doch irgend etwas ist gebrochen in diesem jahrhundertealten Gleichgewicht zwischen den zwei verschiedenen Welten, die nebeneinander auf diesen Hügeln gediehen: die Welt der Villen, des gebildeten und angenehmen Müßiggangs, und die Welt der Colmelli mit den winzigen bäuerlichen Weilern: Höfe und Bethäuser, die den Heiligen der Langobarden gewidmet sind, und ein Sippenzusammenhalt, geprägt durch ihr rhätisch-germanisches Erbe, sind für Fremde nicht zugänglich.

Ein Wort hatten beide Welten gemeinsam: »Corte« – der Hof. Für beide bedeutete es den Zusammenschluß aus gemeinsamem Interesse. Trotzdem kann man den Begriff sicher nicht mit dem sagenhaften Hof Caterina Cornaros, der »Königin von Zypern«, in der Burg von Asolo und im Barco di Altivole gleichsetzen. Ihr Hofstaat zählte 4000 Menschen. Edelfräulein, Würdenträger, Diener, Dichter und illustre Gäste aus ganz Europa, die an den zahllosen Festen, Wettspielen und Ritterturnieren teilnahmen. Jeder Villenbesitzer liebte es, sich mit »fremdländischen« Freunden zu umgeben. Man ging auf die Jagd, man zelebrierte üppige Essen und ebenso üppige Trinkgelage und pflegte in den Gärten die Kunst der Konversation. Auf den Höfen der Colmelli hingegen verband das Bemühen, den Lebensunterhalt zu erwirtschaften, und das Bewußtsein für gemeinsame mythische Traditionen. Doch der plötzliche Wohlstand hat die Machtverhältnisse verändert. Man tat so, als würde man die neue Festlegung der Werte und Verhaltensweisen nicht bemerken: Dabei war der Austausch von Gefälligkeiten und Geschenken kein soziales Spiel mehr, das die Würde und Freiheit des Individuums respektierte. Und wie eine merkwürdige Erbkrankheit hindert dieses Bedürfnis nach Hof, Sippe und Standeszugehörigkeit, auf eigenen Beinen zu stehen, und lähmt den Mut zum Risiko, obwohl sie andererseits ermöglicht, die ganze Süße der Selbstzufriedenheit – und auch der Selbstironie – auszukosten. Asolo ist nicht die Heimat des Ikarus. Hier liegt noch immer ein zerstörerisches Schwärmen für den alten Stil in der Luft, für traditionelle Formen des Zusammenlebens aus der Zeit, als die Bewohner der Colmelli zur Sonntagsmesse nach Asolo kamen und auf der Piazza ruhig mit den Städtern schwatzten. Ein Rollenspiel der beiden Welten, die sich letztlich wechselseitig respektierten.

Die größte Gefahr für Asolo sind jedoch die motorisierten Horden des Massentourismus. Muß Asolo also weiterhin ein exklusiver Ort bleiben, den nur wenige ver-

Die im 16. Jahrhundert entworfene und im 18. Jahrhundert fertiggestellte Villa Ca' Corniani ist heute ziemlich verfallen.

ESSEN

La Trave
Via Bernardi, 5
Ortsteil Pagnano
Tel. 95 22 92
Montags geschlossen

Ristorante Bar
Ai due Archi
Via Roma, 55
Tel. 95 22 01
Im Winter Mittwoch abends und donnerstags, im Sommer nur donnerstags geschlossen

Locanda Ai due mori*
Piazza D'Annunzio, 5
Tel. 95 22 56
Mittwochs geschlossen

La Tavernetta*
Via Schiavonesca, 45
Ortsteil Casella d'Asolo
Tel. 95 22 73
Dienstags geschlossen

OMBRE E CICHETI

Enoteca in Asolo
Via Browning, 185
Tel. 95 20 70
Montags geschlossen
Öffnungszeiten: 9–12 Uhr; 15–20 Uhr (freitags, samstags und sonntags bis 1 Uhr nachts)

EINKAUFEN

Käse, Würste

Gastronomia Sgarbossa
Via Browning, 151

Brot, Süßes

Forno a legna
di Pierluigi Bianchin
Via Canova, 344

Keramik

Aldo Bernardi
Via Vittorio Veneto, 2
Paderno del Grappa

La Terracotta di Asolo
Via Browning, 176

Ceramiche Thea
Via Schiavonesca
Marosticana
Ortsteil Casella

Seide, Stoffe

Scuola Asolana dell 'Antico Ricamo
Via Sottocastello, 6

Tessoria Asolana
Via Marconi, 136

dient haben? Das Problem ist, daß Asolo, wenn es von brüllenden Massen überfallen wird, wie es jedes zweite Wochenende wegen des Antiquitätenmarkts der Fall ist, in seiner magischen Friedlichkeit aufgestört wird. Wer weiß, ob man durch ein konsumkritischeres Bewußtsein, strengere Administration und die Entwicklung einer sanfteren und differenzierteren Infrastruktur verhindern kann, daß aus Asolo ein zweites San Marino wird?

Detail der Fassadenverkleidung in Tuffstein der Casa Longobarda in Asolo.

Wir empfehlen Ihnen einen Ausflug nach Asolo, der Sie keinen Pfennig kostet, denn das, was in Asolo zählt, kann man nicht kaufen. Wenn möglich, sollte man unter der Woche kommen. Am besten lassen Sie das Auto am Fuße des Hügels stehen. Der Foresto di Pagnano führt in Richtung Rialta bergauf, zum Friedhof Sant' Anna und zum Colle degli Armeni in Richtung Borgo di Santa Caterina. Der Forestuzzo führt von Biordo aus durch Kastanienwälder und Obstplantagen bis zur Via Sottocastello und entlang des Val Bottarella bis zur Scuola di Antico Ricamo und zur Villa Beach. Dann mündet er am Fuße des Castello in die Piazzetta Duse. Der wildeste und eindrucksvollste Weg führt vom Casonetto über die Via Colmarion und Via Monte dei Frati zwischen Mauerresten und efeubewachsenen Türmen hinauf. Von Casella aus kann man sowohl über den Foresto Nuovo als auch über den Foresto Vecchio durch bewaldete und wasserreiche Täler gehen und gelangt so durch die ehemalige Porta Sant' Angelo in der Nähe der Villa Stark (die einen schönen Garten mit Rosen, Pomeranzen und Apfelbäumchen hat) und der Casa Tabacchi (wo Robert Browning gelebt hat) in die Stadt.

Wir schlagen Ihnen keine genaue Route vor. Schlendern Sie lieber ziellos herum, und folgen Sie Ihrer Neugier durch Gassen und über Plätze. Sie sollten einen Blick in die Häusergärten werfen und an allen freien Stellen auf die Hügel schauen. Auf der Piazza vor der Loggia del Capitano beim Dom (in den man ungewöhnlicherweise hinabsteigt) bietet das Caffè Centrale nicht mehr wie einst Rosolio und Sorbets, dafür aber hervorragendes Fruchteis. Die Via Regina Cornaro mit Häusern aus dem 15. Jahrhundert, die mit Fresken, zweibogigen Fenstern und Wappen verziert sind, führt zur Burg, mit der Torre dell'Orologio und der Torre Mozza, dem Theater in der Sala delle Udienze und Mauerresten, die den Garten des Belvedere umschließen. Die Via Canova, die von dem Bogen des schönen rosa Hauses der Duse überspannt wird, führt zum Borgo Santa Caterina. Dort begegnet man neben der Villa Cipriani auch dem Haus des Malers Mario de Maria, eine Ansammlung von eindrucksvollem neugotischen Kitsch, und der sogenannten Casa Longobarda, einem winzigen Gebäude aus dem 16. Jahrhundert. Es ist mit Tuffstein verkleidet, in den effektvoll manieristische Dekorationen und Karikaturen eingeritzt sind.
Oberhalb der zentralen Piazza liegen der Garten und die Terrasse der Villa Pasini, wir gehen durch die Porta Colmarione an dem kleinen Kreuzgang und der Kirche des Klosters von San Pietro vorbei. Hier führt eine schöne Treppe entlang den alten Mauern zur Osteria La Rocca bis zur Rocca hinauf (15 Minuten). Von dort überblickt man das Stadtbild und die umliegenden Hügel. Wenn man den Weg über die Rocca hinaus weiterläuft, kann man die Route zur Rocca di Cornuda einschlagen. Der sogenannte »Weg der beiden Felsen« ist ein alter Pfad über die Hügel – einfach, aber 9 Kilometer lang. (Man schafft die Strecke in 3–5 Stunden, plus Rückweg.) Man kann diesem Weg aber auch zwischen Kastanien und Schwarzbuchen nur bis zur Forcella Sbazzega und Casa Metti folgen. Von hier zweigt ein Pfad nach Asolo ab (Dauer dieses Spaziergangs: etwa 3 Stunden).

Das rosa Haus der Duse. Der Bogen, der über die Via Canova reicht, führt in den Borgo Santa Caterina.

VERANSTALTUNGEN

Seit Jahren organisiert die Vereinigung »Asolo Musica« ein Festival für Kammermusik. Im Sommer bietet sie, in Zusammenarbeit mit dem »Istituto Regionale delle Ville Venete«, in den Museen, Palazzi und venezianischen Villen eine Reihe musikalischer Ausflüge an, bei denen alte Musik und Veranstaltungsort atmosphärisch aufeinander abgestimmt sind. Oft gibt es auch einen Imbiß mit Produkten der Veranstalter.

Asolo Musica
Via Browning, 141
Tel. 95 01 50
Öffnungszeiten:
9–12.30 Uhr; 15–18.30 Uhr

Ausgangs- und Zielort:
MONFUMO

Länge:
2 KM

Voraussichtliche Dauer des Ausflugs:
1 STD.

In Ca' Corniani – am Acquamorta entlang

Die Hügel von Monfumo sind vielleicht die schönsten des gesamten Asolo-Gebiets. Liebliche und dramatische Landstriche wechseln immer wieder ab, dazwischen tiefe, enge Täler, die von felsigen Furchen durchschnitten werden. Sie sind das Werk von den Sturzbächen und kleinen Rinnsalen, die vom Monte Grappa kommen, und schlängeln sich durch kalkige Hänge. Wiesen mit Olivenhainen und Obstgärten, dazwischen bescheidene Weinberge bestimmen das Landschaftsbild dort, wo nicht nur dichter Wald auf steilen Hängen steht. Einsam überragt die Rocca di Asolo alle Erhebungen. In den Tälern stehen Weiden, schwarze Erlen und Pappeln. Von vereinzelten Sündenfällen der Landwirtschaft abgesehen, treffen wir auf unverdorbene, da vernachlässigte Landschaft. In den kleinen bäuerlichen Ansiedlungen stößt man nur auf alte Menschen, die seit jeher hier leben. Doch das Land gehört ihnen nicht, und deshalb sind sie auch nicht gewillt, es zu pflegen. Der Ackerbau ist mit der Krise der großen und mittleren privaten Landwirtschaftsbetriebe und der großen Auswanderungswelle, die Millionen Bauern nach Amerika und Australien versprengt hat, untergegangen. Die wenigen, die geblieben sind, haben in den Fabriken und Handwerksbetrieben Arbeit gefunden. Man kann nur hoffen, daß die öffentliche Hand sinnvolle Privatinitiativen in Zukunft gezielt fördern wird.

Wenige Kilometer östlich von Monfumo gibt es einen »anmutigen« Hügel, »der mit anderen, zum Teil bewaldeten, zum Teil kultivierten Hügeln zusammenhängt; durch ihre verschiedenen Formen und Höhen bilden sie eine Krone und umfassen so einen großen Raum in Form eines Amphitheaters, der voller Bäume und vor allem Weinreben ist. Es gibt zwei kleinere Täler, in denen Obst angebaut wird, und was noch erfreulicher ist, es gibt am Fuße dieses Hügels, neben anderen Bächlein, einen See mittlerer Größe mit reinem Quellwasser, in dem viele Fischarten leben. Die Qualität der Luft und dieses Ortes, sowie die Fülle der Schätze bewogen jenen Edelmann, hier seine Villa zu erbauen ...« Schreiber dieser wunderschönen Beschreibung von 1594 war ein gewisser Scamozzi, Schüler von Palladio. Der Edelmann, sein Auftraggeber, der sich so sehr ein ruhigeres Leben außerhalb des Palazzo wünschte, war Valerio Bardellini, und der Ort ist der Hügel von Ca' Corniani. Dieser Hügel ist eine lange und schmale Erhebung zwischen zwei Tälern des Saccon und der Acquamorta, die weiter südlich bei Col degli Olivi zusammenfließen und kurz darauf in den Muson münden. Auf dem flachen Gipfel des Hügels dominiert der eindrucksvolle Komplex der Ca' Corniani, die im 16. Jahrhundert von Scamozzi entworfen und im 17. Jahrhundert in ihrer heutigen Form vollendet wurde. Wenn man von der Rückseite über die Via Corniani kommt, ist man im ersten Augenblick sprachlos angesichts der vollkommenen palladianischen Fassade: eine Loggia mit dorischen Säulenkapitellen, eine doppelte seitlich angebrachte Freitreppe, ein klassisches Giebelfeld – und das Ganze zwischen Hühner- und Kaninchenställen und einer heruntergekommenen Tenne. Die Verbindung von Villa und Bauernhaus wurde so in Auftrag gegeben und entworfen. Der derzeitige Verfall, daß Hühner die eleganten Treppen bevölkern, der Schrott, den man unter dem Wandelgang und der Loggia erahnen kann, scheinen gewollt, um die verführerische Doppeldeutigkeit des Niedergangs hervorzuheben. Die Elemente, die deutlich aus dem 18. Jahrhundert stammen, die lichten Farben der Dekorationen, geben dem Anblick etwas Metaphysisches. Der Effekt erinnert an den Maler De Chirico, der einfache Objekte in Ideen und Symbole verwandelte.

Es scheint, als ob endlich ein realisierbarer Plan zur Restaurierung der Villa und des gesamten Besitzes gefunden wäre. Vorgesehen ist auch die Wiederbelebung der Landwirtschaft mit hier beheimateten Pflanzen und Tieren.

Für die Villa ist eine »philologische« Restaurierung vorgesehen, die nicht nur das notwendigste des Bauwerks wieder instand setzt, sondern auch seine originalen Funktionen herstellt: große Küchen, Keller, Speisezimmer und Stuben, Räumlichkeiten im Alkoven, Studierzimmer, Ruhezimmer im Giebel mit drei Panoramafenstern. Auch bei den Stallungen sollen Funktionalität und Ästhetik gegeneinander abgewogen werden. Ob dieses Konzept sich jemals wirklich realisieren läßt, ob es gelingt, guten Willen, positive Energien und alte landwirtschaftliche Kultur zu verbinden? Wer weiß.

Zunächst einmal begnügen wir uns damit, am Acquamorta entlangzuspazieren, von Monfumo über Forner bis zur Ca' Corniani.

Auf den Hügeln von Monfumo

Ausgangs- und Zielort:
OSTERIA DALL'ARMI, ORTSTEIL CASTELLI DI MONFUMO

Länge:
20 KM

Voraussichtliche Dauer des Ausflugs:
2 STD.

Von der Osteria Dall'Armi nimmt man die Via Palazzo Neville bergab und biegt gleich hinter dem Palazzo Neville rechts in die Via Biss ab. Dann fährt man auf der Via Colabric, bis man nach etwa vier Kilometern an der Ca' Corniani ankommt (s. Seite 80). Zurück in der Via Colabric, fährt man eine Straße, die mitten durch den Wald führt, bergab bis zum Colmello di Forner. Von dort folgt man den Hinweisschildern nach Castelcucco. Man durchquert den bewohnten Teil des Orts bis zur Abzweigung nach Asolo, Casonetto, Monfumo. Nach zwei Kilometern biegt man links in die Via Valli und dann rechts in die gepflasterte Via Costeselle. Die Straße verläuft nun zwischen Weinfeldern und Pappelhainen bis zum Fuße der Chiesa di Monfumo. Hier biegt man rechts in die Via Chiesa ein und fährt bis zum Kirchplatz hinauf.
Auf dem Hügel, auf dem heute die Kirche steht, erhob sich einst das Kastell der Maltraversi: Ihr Name erinnert an Geschichten von grausamer Niedertracht und feudaler Veruntreuung. Aber aus jener Zeit haben nur die grauen Steinmauern und das Aquädukt neben der Kirche überlebt. Der Turm des Kastells ist zum Kirchturm geworden. Gleich nebenan bietet die Osteria alla Chiesa (s. Seite 105) köstliche Weine.
Die Straße führt nun einige Kilometer bergab, bis sie die Via Longon kreuzt, in die man links einbiegt. Im Zickzack führt die Straße bergauf. Nach 2,5 Kilometern trifft man auf die Via Col degli Olivi, die einen kurzen Umweg wert ist. In die Via Longon zurückgekehrt, trifft man nach 800 Metern auf die Via Biss; man biegt rechts ab und erreicht nach 100 Metern die Osteria Dall'Armi (s. Seite 104).

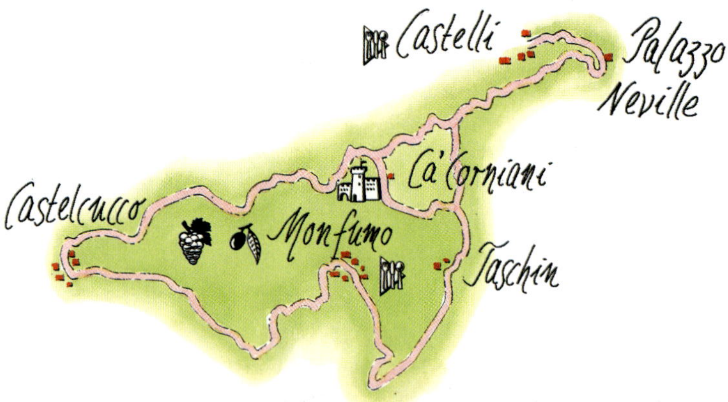

Hinter den Montagnole von Asolo und den Hügeln von Monfumo zieht sich vom Piave zum Brenta die **Pedemontana del Grappa**, die Ausläufer des Grappamassivs. Die Vegetation ist sehr üppig, mit vielen feuchten Wiesen und Quellen. Die Niederschläge (auf dem Monte Grappa regnet es ausgesprochen viel) versickern in dem karstigen Felsgestein und treten erst wieder zutage, wenn sie auf undurchlässige Schichten treffen. So nähren sie auch hier die Schichtquellen und wiederaufsteigenden Quellen in den Schluchten und Grotten der Talsohle.
Am Fuße des Monte Grappa gibt es in der Tat eine Unmenge von Quellen, von den Somegane di Borso über den Covolo bis zum Bus de Refoss. In den Felsschluchten, aus denen die Quellen emporschießen, leben nach

der Legende wunderschöne und geheimnisvolle Nymphen, Wassergöttinnen, die nur nachts auf den Wiesen zu erspähen sind. Seit Jahrtausenden bannen sie mit ihrem Gesang und verhexen jeden, der an ihrem Hexensabbat teilnehmen will. Die Venezianer kamen hierher, um sie anzubeten und sich ihr Wohlwollen zu sichern. Ihr Name wurde im Laufe der Zeit immer mehr entstellt. Heute werden sie »guane« genannt. Vor Jahrhunderten erschien eine Guana einer ermatteten Schäferin am Covolo. Seit jener Zeit pilgert man zu ihrer Grotte, um die Guana-Madonna zu verehren, die schön ist wie ihre Schwestern, aber nicht mit Hexerei strafte.
Was über viele Jahrhunderte nicht möglich war, scheint denen gelungen zu sein, die heute diese Orte verwalten, taub sind für ihren Gesang und unempfänglich für ihre

Olivenhaine haben am Monte Grappa und in den Pedemontane eine jahrhundertealte Tradition. Schon im 12. Jahrhundert werden sie in Verpachtungs- und Belehnungsverträgen festgehalten und breiteten sich vom frühen Mittelalter an, wie die Chroniken der Stadt Treviso aus dem 15. Jahrhundert bezeugen, weiter aus. Jeder Bauer mußte damals pro Jahr zwölf Olivenbäume pflanzen. Und zur Zeit der Serenissima waren für Olivenhaine steuerliche Vergünstigungen vorgesehen. Heute sind die autochthonen Cultivars (Gregna, Favoral, Pertegate, Casaliva, Composter) zum größten Teil durch toskanische Sorten (vor allem Frantoio, Pendolino, Moraiolo, Leccino) ersetzt, da man sie leichter auf dem Markt bekommt und sie schon pflanzfertig sind. Die verschiedenen lokalen Sorten, die weitaus kältebeständiger sind, verschwinden langsam. Ebenso die jahrhundertealten Praktiken zur Vermehrung und Pflanzung. Die Villa Barbaro di Maser besitzt Tausende alter Olivenbäume lokaler Sorten, deren Öl mit eigenem Etikett vertrieben wird. Seit 1986 hat der Verein zur Entwicklung der Landwirtschaft im Veneto einen Versuchsolivenhain mit verschiedenen venetischen und toskanischen Bäumen angelegt, um herauszufinden, welche Sorten in dieser Gegend am besten gedeihen. Augenblicklich werden alle Oliven der Hügel von Asolo in der Ölmühle Gnesotto in Pove verarbeitet.

Ausstrahlung: sie schlossen die Guane in ihre Grotten ein, nahmen ihre Quellen in Beschlag, trockneten ihre Flüsse aus und fingen ihr Wasser in Schläuchen auf. Und die Menschen begannen, sie zu vergessen. Und trotzdem kommen sie weiterhin in den Frühlingsnächten – dessen sind wir uns sicher – aus ihren Kerkern hervor, um ihren Zauber auf den Wiesen wirken zu lassen. Wie sonst sollten wir uns das Meer von Krokussen, Bergnarzissen, weißem Fingerkraut und Asphodillen erklären, das morgens den weichen Rasen bedeckt?

Bis vor kurzem, bevor das Wasser in die Ebene geleitet wurde, garantierten die immergrünen satten Wiesen das ganze Jahr über Futter. Selbst Oliven, auf diesem Breiten-

Seit 1977 gibt es die Qualitätsgarantie »DOC Montello und Colli Asolani«. Sie ist den Rebsorten Prosecco, Merlot und Cabernet, die zum größten Teil auf den Hügeln von Asolo und Montello (einem langen und flachen Höhenzug zwischen Treviso, Montebelluna und dem Piave) angebaut werden, vorbehalten. Das Consorzio di tutela dei Vini Montello e Colli Asolani hat seinen Sitz in dem Weinkeller Montelliana in Montebelluna. 1988 wurde die Strada dei Vini Montello e Colli Asolani eingeweiht, eine Route, die in Nervesa beginnt und dem Stradone del Bosco folgend (so wird hier der Montello genannt) am Canale della Brentella, den Weinbergen mit der typischen roten, eisenhaltigen Erde, entlangführt. Der Weg führt über Montebelluna, Cornuda und Maser nach Asolo. Entlang der Strecke gibt es einige Weingüter. Aufgrund ihrer Qualität sind besonders Abazia di Nervesa, Venegazzù, die Cantina Sociale Montelliana e dei Colli Asolani und Villa Maser hervorzuheben. Darüber hinaus die Weinkellereien Marchi in Montebelluna und Benzi in Caerano San Marco und die Botteghe del Vino. Restaurants mit besonders guten Weinkarten sind das Miron und das Panoramica in Nervesa.
Auf dem Foto: Weinfelder in Monfumo.

grad ungewöhnlich, tragen am Fuße des Berges Früchte. In den Obstgärten werden Feigen, Mandeln, Haselnüsse, Granatäpfel, Pflaumen, alte Birnen- und Äpfelsorten und vor allem Sauerkirschen angebaut. Ausgedehnt sind auch die Kastanienwälder. Am Fuß des Monte Grappa herrscht mediterrane Vegetation. Mediterranen Arten wie einigen Steinbrechgewächsen und Orchideen, Fingerkraut, Päonie und Asphodillen begegnet man auch in den Hochebenen des Grappa-Massivs. Über 900 Meter beginnen hingegen die Steineichen und noch höher die Buchenwälder.

Der Wasserreichtum hat über Jahrhunderte die Entwicklung von Spinnereien und Stoffwalkereien gefördert. Das erklärt auch die Entstehung kleiner blühender Städte im 17. Jahrhundert, die ein durchaus urbanes Gesicht hatten. Die Herrschaftshäuser und weiten Handelsplätze aus jener Zeit findet man in Crespano, Possa-

Vergessene Düfte

In dieser Welt, in der es immer noch strikte Trennungen gibt, werden auch die Treffpunkte und die Küchen rigoros unterschieden: Die gehobene Gastronomie bietet eine raffinierte, überregionale Küche. Es ist ihr jedoch gelungen, das Erbe der großen Gastmähler mit delikaten Suppen, Saucen und hervorragenden Wildbretgerichten zu übernehmen und trotzdem für kreative Neuerungen offen zu sein.

Und der Rest: Paninotheken, Pizzerien und falsche »ländliche Idyllen«, wo man Käse ißt, der aus deutscher Milch hergestellt wird. Viele Trattorien, die mit genügsamen Touristen überfüllt sind, bieten nur lieblose Küche. Der Hasenpfeffer, die »osei scampai« (Fleischspießchen) und die »fonghi in tecia« (geschmorte Pilze) werden meist aus importierten Zutaten zubereitet.

Nur die Almen auf dem Monte Grappa mit seinen fetten Weiden garantieren eine gute Milch. Leider schränkt der Hygienewahn die Produktion von Käse und Wurst nach handwerklichen Verfahren immer mehr ein. Die traditionellen Zuchtmethoden für Kaninchen und Schweine sind verschwunden. Heute werden die Tiere mit Industriefutter ernährt. Die volkstümliche Küche war wahrscheinlich nicht stark genug, um Wurzeln zu schlagen. Weinbaukultur existiert fast gar nicht mehr auf den sonnigen Hügeln, obwohl man hier doch einst den duftenden und bernsteinfarbenen Vino di Monfumo kelterte.

Obstgärten und Olivenhaine mit Pflanzen hoher Qualität, die seit jeher in der Region wachsen, gibt es ausreichend. So könnte hier dank des milden Klimas und gesicherter Wasserversorgung ein Paradies der Düfte erblühen: Erdbeeren, Blaubeeren, Himbeeren, ausgezeichnete Weichselkirschen, Kastanien, Haselnüsse, Feigen, Öl, köstliche Bohnen und Erbsen von »Borso«, Schnecken und Fische der Bäche, Wild und Pilze in den Wäldern und die duftenden Kräuter in den Wiesen und im Unterholz – *Asparagus officinalis, Silene vulgaris, Papaver rhoeas, Valerianella locusta, Allium ursinum, Arctium minus, Tragopogon pratensis, Chenopodium bonus-henricus* – wilde Zichorie, Kümmel, wilder Oregano und Thymian; tausend Aromen, die aus der guten Almmilch herauszuschmecken sind.

TIPS & INFOS

Ausführliche Informationen finden Sie auf Seite 102f.

CRESPANO

43 km von Treviso
Einwohner: 3751
Höhe: 300 m ü. d. M.
Postleitzahl: 31017
Vorwahl: 0423

Informationen

Municipio
Tel. 93 03 00

ESSEN

Agriturismo Al Covolo
Vicolo San Carlo, 1
Tel. 53 89 80
Öffnungszeiten: Im Sommer die ganze Woche, die anderen Monate freitags, samstags und sonntags geöffnet

Agriturismo Valderoa
Via Valderoa
Tel. 53 90 47

Bar Enoteca Venezia
Piazza San Marco
Tel. 5 37 20
Montags geschlossen

EIS

Bar Canova
Piazza San Marco

EINKAUFEN

Cooperativa Produttori Agricoli Madonna del Covolo
Via Sant'Antonio, 12

Käse

Giglio Signor
Via Monte Colombera, 14

TIPS & INFOS
Ausführliche Informationen finden Sie auf Seite 101f.

CAVASO

40 km von Treviso
Einwohner: 2543
Höhe: 190/1142 m ü.d.M.
Postleitzahl: 31034
Vorwahl: 0423

Informationen

Municipio
Tel. 56 21 21

ESSEN

Al Ringraziamento**
Via San Pio X, 107
Tel. 54 32 71
Sonntag abends und montags geschlossen

Da Martin
Via Castelcies, 35
Tel. 54 50 63
Montag nachmittags und dienstags geschlossen

EINKAUFEN

Käse

Latteria Sociale Pedemontana del Grappa
Via Marconi, 49

Canovas prüde Sinnlichkeit

Vor kurzem haben Wissenschaftler herausgefunden, was die Barbiere des Ortes immer schon wußten, wenn sie ihren Kunden zu Weihnachten Fotos von den Gesäßpartien der Skulpturen Canovas schenkten. Irgend jemand hat Canova aufgrund seiner gekünstelten Idealisierung und kühlen Gesichtszüge, die so gar nicht zu der vibrierenden Sinnlichkeit der Körper passen, als Dr. Jekyll & Mr. Hyde bezeichnet. Dieser Mensch hatte anscheinend keine Ahnung von der venetischen Seele, die gerade die Betonung von Zurückhaltung und Scham liebt, um die Sehnsucht nach Hingabe und die erotischen Phantastereien hervorzuheben.
Wer die Gipswerkstatt in Possagno besucht, wird vor allem von dieser Widersprüchlichkeit fasziniert sein, von der Atmosphäre der »Liaisons Dangereuses«, die von der typisch venetischen Heuchelei des »Sagens und Doch-nicht-Sagens« abgemildert wird. Vor allem die reuige Magdalena verführt durch ihr Spiel, das eher arglistig als pervers ist, eine Mischung aus Sinnlichkeit und Frömmigkeit. Der Gips der Entwürfe zeigt noch viel deutlicher als die fertigen Marmorstatuen die Bewegung der Körper und die Weichheit des gemalten Lichts.
Die ländliche Bevölkerung war stolz auf den Ruf ihres Antonio Canova, der an die Höfe der Könige und Päpste gerufen wurde. Sie ersannen eine Geschichte über seine Anfänge als Bildhauer, bei der sie ziemlich sorglos mit der Wahrheit umgingen und sich auf das Wesentliche konzentrierten: Der Junge arbeitete als Küchenlehrling in Asolo und überraschte die Gäste, als er eine Skulptur servierte: aus Butter.

»Venus und Satyr«, Gemälde von Canova.

gno, Caniezza und Cavaso. Die Wollstoffe aus den Spinnereien, hochgeschätzt wegen der qualitativ hochwertigen Verarbeitung, wurden bis in den Orient verkauft. Heute ist der augenfälligste Wirtschaftsfaktor der wilde Abbau von Ton für die zahlreichen Ziegelbrennereien.
Der Fremdenandrang ist sonntags am stärksten und überfüllt die Unterkünfte in den sogenannten »Bauernhöfen« und die riesigen Trattorien. Daher sollten Sie zu Fuß oder mit dem Mountainbike weniger begangene Wege einschlagen. Als Ausgangspunkt empfehlen wir eines der kleinen Städtchen am Fuße des Monte Grappa, wie **Crespano**, mit einer sehenswerten Piazza aus dem 19. Jahrhundert – wo jeden Sonntag Markt abgehalten wird – mit dem klassizistischen Caffè Canova. Auch der Vorort Gherla, eingeschlossen von Steinmauern wie ein Gehöft, die durch große Bögen unterbrochen werden, lohnt einen Besuch. Hier können Sie malerische Höfe mit Holzbalkonen entdecken, aber auch die Villa Manfrotto-Canal aus dem 17. Jahrhundert mit Seitenflügel und Gästehaus, umgeben von malerischen Obst- und Gemüsegärten. Oder der hübsche kleine Vorort San Paolo am Lastego mit der eindrucksvollen, kleinen romanischen Kirche und geschlossenem, weinbewachsenem Kirchplatz und den hohen Häusern, die in die Flußsenke gebaut sind, sowie einem kleinen Schlößchen am Ufer.
Alte Plätze und Häuser findet man auch in **Cavaso** und **Possagno,** in dem der übergroße Tempel Canovas wie ein Fremdkörper wirkt. Aber der Autodidakt Tonin Canova mußte in seinem Heimatdorf ein Zeichen seines Ruhms hinterlassen.
Auf dem Monte Grappa sind verschiedene angenehme Routen möglich. Mit dem Auto gelangt man bis zur Hochebene, von der man Spaziergänge und Exkursionen zu Fuß unternehmen kann.
Von Semonzo aus fährt man in kurzer Zeit die Staatsstraße Giardino in unendlichen Kurven zum Col del Puppolo hinauf, dem Startplatz für Drachenflieger. Man läßt die Bohnen- und Erbsenfelder, die Chiesure, Wie-

»Letztes Abendmahl«, Fresko aus dem 16. Jahrhundert in der kleinen Kirche San Giorgio in San Polo di Piave. Alle Abendmahlsdarstellungen in dieser Gegend bilden dieselben Speisen ab: vor allem Flußkrebse aus Sile, Piave und

ihren Nebenflüssen. Heute sind sie leider sehr rar geworden. Als Spezialität gibt es sie in dem bekannten Restaurant Gambrinus in San Polo. Durch den Garten des Restaurants fließt ein kleines Flüßchen mit klarem, fischreichem Wasser. Hier werden Krebse gezüchtet. Mit Kräutern gewürzt und mit Prosecco beträufelt, werden sie mit verschiedenen Saucen oder als Risotto serviert.

Auf den Wanderwegen am Monte Grappa trifft man häufig auf Almen wie diese. Im Sommer gibt es dort köstlichen frischen Käse, der nach den Kräutern und Blumen der Almwiesen schmeckt. Zu den typischen Almkäsen gehören der Morlacco, der Bastardo und der Schiz, der mit Polenta einen schmackhaften Imbiß ergibt (s. Seite 91).

sen, die häufig mit Olivenbäumen bepflanzt sind und von Kastanien- und Kirschbäumen gesäumt werden, hinter sich und gelangt über 800 Meter zu den Wiesen von Borso. Hier blüht im Frühjahr ein Meer von weißen Narzissen und Blausternen. Auf 1000 Metern liegt mitten im Wald Campo Croce. An der Abzweigung biegt man rechts nach Camol ab. Vorbei an grauen Steinhäusern, die von Kirschbäumen umgeben sind, kommt man nach Val di Poise. Die Landschaft erinnert hier an Irland: kleine Täler und Erhebungen in sattem Grün, artenreiche Blumenwiesen, gesprenkelt mit weißen Steinblöcken, Erikafelder rings um Schluchten und Höhlen, die das Wasser auffangen, um es dann weiter unten wieder freizugeben. In der Ortschaft Ardosetta trifft man auf den Pfad, der von der Madonna del Covolo hinaufführt. Hier dominieren Steinbrechgewächse und Zwergrhododendren. Den Gipfel des Monte Grappa erreicht man mit dem Auto oder, in einer Stunde, zu Fuß. Vom Gipfel hat man ein traumhaftes Panorama von Venedig über die Dolomiten bis zu den Monti Lessini. In diesen grünen Tälern kann man ohne große Gefahr einen Flug mit dem Gleitschirm wagen. Von der Hochebene Pian della Bala gibt es einen sehr lohnenden Wanderweg über dem Tal von San Liberale (Pfad 152). Der im Ersten Weltkrieg angelegte Weg führt über Laufgräben und kleine Festungen, durch Tunnels und zwischen den felsigen Gipfeln der Sass Brusai entlang, manchmal – nahe am Abgrund in der Tiefe – erblickt man Rotbuchen,

Tannen und Lärchen im Tal San Liberale. Die Sicht reicht über die gesamte Ebene bis zum Meer.
Charakteristisch für diese Gegend ist die wunderschöne Vegetation: Gebirgsflora und mediterrane Pflanzen, Edelweiß neben Pfingstrosen. Wenn man nicht die ganze Strecke bis zur Vedetta-Alm gehen möchte, führt hinter dem Monte Boccaor ein Eselspfad, die Scaletta del Boccaor, bergab in Richtung Valle delle Mure. Von dort gelangt man schnell an den Ausgangspunkt zurück, zum Cristo di Pian della Bala (insgesamt 2 1/2 Stunden). Andernfalls kann man bis zur Forcella Archeson gehen und über die Archeson-Alm oder die Mure-Alm bis zum Pian della Bala zurückkehren (insgesamt 4 Stunden).
Valle delle Mure und Valle di Archeset sind von Juni bis September bewirtschaftet, mit den »buse« zum Tränken des Viehs und Weiden, die von Buchen- und Lärchenwäldchen gesäumt werden. Man kann in den Almen entlang des Wegs guten Käse, z. B. Morlacco, Bastardo oder Schiz, sowie hervorragendes Gemüse erwerben. Die Almen sind auch Ausgangspunkt für schöne Spaziergänge: Richtung Norden zur Campanaro-Alm oder Richtung Süden zur Archeset-Alm zwischen Wiesen mit Kräutern und Feldern, hinter der Cima della Mandria. Über einen Weg, der von der befahrenen Straße wegführt, kann man die Archeson-Alm erreichen. Wer über Bocca di Forca weitergeht Richtung Tomba und dann nach Monfenera, gelangt schließlich bis nach Pederobba hinunter.
Wer früher wieder ins Tal möchte, kann die Straße, die von der Fossa dell'Archeson nach Castel Cesil führt, einschlagen und endet so nach einem schönen Weg ohne Geländer schließlich in Possagno.

Die Flora des Monte Grappa ist reich an duftenden Kräutern und ursprünglichen Pflanzen. Ein idealer Weidegrund für Kühe und Pferde.

TIPS & INFOS

Ausführliche Informationen finden Sie auf Seite 106

POSSAGNO

42 km von Treviso
Einwohner: 1828
Höhe: 276 m ü. d. M.
Postleitzahl: 310254
Vorwahl: 0423

Informationen

Municipio
Tel. 54 40 21

ÜBERNACHTEN

Albergo Ristorante Stella d'oro
Via Canova, 46
Tel. 54 41 07

PFERDEAUSFLÜGE

Circolo Ippico Sauro del Rivamonte
Via Strada Nove
Tel. 54 47 75

Rinderkrieg am Monte Grappa

Seit Jahrhunderten haben die sattgrünen Wiesen des Monte Grappa Kühe und Kälber genährt: Im Frühling wachsen dort Sprossen und Walderdbeeren, im Sommer duftende Kräuter wie Kümmel und Thymian, Kleebatt, Malve, Brennessel, wilder Spinat und Kaiserling. Man kannte hier nur eine Rasse, die Burlina: weiß-schwarz gescheckt, eher klein, robust und ideal für den Weidebetrieb auf Almen. Ihre Milch war reich an ungesättigten Fettsäuren und Proteinen, hatte einen niedrigen Cholesteringehalt und schmeckte nach den verschiedenen Wiesenkräutern. Auch das Fleisch war äußerst wohlschmekkend.

Eines Tages entdeckte man dann edlere Rassen wie die friesischen und kanadischen Kühe, die edel gewachsen waren und bedeutend mehr Milch gaben. Doch ihr Organismus paßte sich kaum den hiesigen Alpenweiden an, und ihre Milch blieb geschmacklos und wässerig. Trotzdem war die Verdrängung der Burlina nicht aufzuhalten. Ihre Abschaffung wurde beschlossen, ja die Haltung von Burlina-Kühen sogar als gesetzwidrig erklärt. Der Monte Grappa, der schon ganz andere Geschichten erlebt hat, wurde zum Rückzugsgebiet der Burlina-Rinder.

Aber wie fast alle Geschichten, fand auch diese ein gutes Ende. Die gute Fee kam in Form der (damals) verantwortlichen ESAV (Verband zur Landwirtschaftsförderung im Veneto) und der Comunità Montana (Gebirgsverband), die ein Projekt zur Wiedereinführung der Burlina-Rasse entwickelten. Noch befindet es sich in der Aufbauphase, denn viele Hindernisse müssen überwunden werden. Der Preisverfall für Milch und Fleisch muß aufgehalten werden. Augenblicklich erlöst man für Almprodukte keine Lira mehr als für die Produkte aus dem Stall. Und die strengen Hygienevorschriften behindern die Milchverarbeitung der kleinen Züchter: Die Einrichtung einer Käserei, wie sie dem Gesetz entspräche, kostet Hunderte von Millionen Lire. Außerdem haben eben diese Züchter keinen großen Unternehmungsgeist. Sie sehen nur die täglichen Einnahmen und erkennen nicht den Wert, den fruchtbare und langlebige Tiere darstellen. Hier, wo man in ständiger Sorge um das tägliche Auskommen lebt, wartet man immer noch geduldig auf bessere Zeiten.

In der Zwischenzeit verwaisen jedoch die Almen. Jedes Jahr werden weniger in Betrieb genommen, da das Leben auf den Bergen unbequem ist und Verzicht verlangt. Um dem gegenzusteuern, werden Aktivitäten wie »Ferien auf dem Lande« gefördert. Die »cason del fogo« (ehemalige Käsereien), die »spelonce« (Gebäude, die auf Spalten des karstigen Bodens gebaut wurden, so daß man in dem frischen Luftzug Butter lagern konnte) und die »cason da aria« (große runde oder quadratische Gebäude, mit einem sehr niedrigen, weit hinuntergezogenen Dach, das mit Buchenzweigen gedeckt war. Innen war es relativ dunkel, doch Öffnungen nach allen Seiten sorgten für Luftzufuhr) sowie die »giazere« (tiefe, mit Schnee gefüllte Löcher) verschwinden allmählich aus dem Bild der Landschaft. Am Fuße des Monte Grappa gibt es kaum noch Rieselfelder, die dank der vielen unterirdischen Quellen das ganze Jahr über grün waren. Mit ihrem Wasser, das eine ziemlich konstante Temperatur hatte, garantierten sie auch in der kälteren Jahreszeit frisches Viehfutter. Die Quellen sind inzwischen fast alle in die Tiefebene abgeleitet.

Sicher verdiente eine natürliche Weidefütterung ein anderes Schicksal und andere Anerkennung. Ebenso wie die Züchter- und Produzentengenossenschaften, die für Qualität und Herkunft von Fleisch und Käse garantieren. So würde es sich auch wieder lohnen, die Almen zu öffnen und die Rieselfelder und Weiden an den Berghängen instandzusetzen.

Almkäse

Die beste Zeit für die Butter- und Käseproduktion sind die Monate Juni und Juli, wenn die Almwiesen blühen. Thymian und andere wohlriechende Kräuter verhindern darüber hinaus die Schimmelbildung und garantieren ein besonderes Aroma sowie lange Haltbarkeit. Bei der Gerinnung der Milch vom Vortag braucht man sehr wenig Labkraut und keine chemischen Zusätze. Da die Molke bei niedriger Temperatur gewonnen wird, bleibt die organoleptische Struktur der Milch völlig unverändert. Wichtig für die Qualität der Käse ist außerdem, daß man den biologischen Rhythmus der Tiere beachtet sowie die traditionellen Zeiten für Produktion, Reifung und Lagerung.

Der typischste Käse, dessen Herstellungsverfahren sehr alt ist, ist der Morlacco. Mittlerweile findet man ihn nur noch äußerst selten, weil seine Herstellung nicht modernen gesetzlichen Vorschriften entspricht. Er wird aus roher, entrahmter, nicht pasteurisierter Milch hergestellt, die nur ein einziges Mal bei mittlerer Temperatur erhitzt wird. Das Geronnene wird mit Weidenbehältern abgeschöpft, um die Molke abzusondern. Morlacco wird nicht in Salzlake gelegt, sondern trocken gesalzen. Früher fermentierte er entweder in Ton oder unter Dung. Heute gibt es ihn nur frisch, solange im Sommer die Almen bewirtschaftet sind. Er hat eine gelbliche Rinde und eine feste Konsistenz, eine leuchtende, elfenbeinweiße Farbe, mit leichten Flecken, und einen salzigen, leicht säuerlichen Geschmack und starken Geruch.

Der Bastardo wird immer aus Rohmilch in zwei Kochgängen und mit Salzlake hergestellt. Der Asiago wird mit Milch aus zwei Melkungen hergestellt, von denen eine für das Auftauchen entrahmt und mit dem System der Milchveredelung und trockener Salzung benutzt wird. Er kann bis zu zwei Jahre gelagert werden und erhält so seine strohgelbe Färbung und den kräftigen Geschmack. Aus der zurückbleibenden Molke, die noch reich ist an Fettsubstanzen, wird die Ricotta hergestellt und teilweise über Feuer geräuchert. Der typische Imbiß auf der Alm besteht aus Schiz mit Polenta: die frisch gemolkene, noch lauwarme Milch, voll, roh, versetzt mit ein wenig Labkraut, ergibt eine weiche, weiße Molke mit einem intensiven, süßen Milchgeschmack. Sie wird in einem Abtropfsieb oder einem Seiher aufgefangen und in einem Topf mit Butter und Salz gekocht; so schwitzt sie und sondert Molketropfen aus. Wenn die Milch nicht ganz frisch ist, fällt der Käse auseinander.

Der Naturwanderweg Don Chiavacci

Ausgangs- und Zielort:
CENTRO DON BOSCO

Länge:
3 KM

Voraussichtliche Dauer des Ausflugs:
1 STD.

Es gibt viele Wege, die vom Fuße des Monte Grappa zur Hochebene führen. Wanderfreunden empfehlen wir, sich mit der detaillierten Carta dei sentieri del Massiccio del Grappa zu bewaffnen, die von der Comunità Montane del Grappa herausgegeben wird und an den Zeitungskiosken in Possagno, Crespano und Borso erhältlich ist. Oder Sie wenden sich an den Gruppo escursionisti Montegrappa (bei der Barberia Mascotto an der Piazza von Crespano, Tel. 0423 / 530 04). Dort werden von März bis Dezember jeden Sonntag Exkursionen, zu Fuß oder mit dem Mountainbike, organisiert. Den weniger Ehrgeizigen und den Landschaftsfreunden empfehlen wir den Naturwanderpfad Don Chiavacci: Auf etwas mehr als drei Kilometern bekommt man ein gutes Bild von dem Pflanzenreichtum des Monte Grappa. Das Auto läßt beim Centro incontri con la natura nahe der Casa Don Bosco (erreichbar von Borso oder Sant'Eulalia Richtung Cassanego). Der Centro, der auch ein Gästehaus hat, kümmert sich um das Monte-Grappa-Gebiet. Hier finden Sie Bildmaterial und das Büchlein »Sentiero natura Don Chiavacci«. Sehr interessant ist das kleine Observatorium sowie das Sonnenuhrmuseum und der Garten mit Arznei- und Honigpflanzen. Im Frühling und Sommer kann man auf dem Weg unglaublich reich blühende Wiesen entdecken: mit Krokussen, Narzissen, Gebirgskornblumen, Kuhschellen, weißem Fingerkraut, Asphodillen, Anemonen und Blausternen. An einigen Stellen gibt es sogar wilde Orchideen. Man geht durch Wälder mit Kastanien und schwarzen Steinbuchen, im Unterholz Mäusedorn, Aronwurz und grüne Lilien. In der Nähe der Wallfahrtskirche Madonna del Covolo führt ein kleiner Abzweig nach rechts, der rückwärts die Stationen des Kreuzwegs verfolgt, zu der Grotte der »tre buss«: Hier ist im 18. Jahrhundert einer Schäferin die heilige Madonna erschienen. 30 Meter weiter oben, entlang des schon trockenen Baches, befinden sich die Grotten der »Guane« (Wassernymphen), wo im Altertum die Venezianer ihre heidnischen Riten pflegten. Ein weiterer schöner Wanderpfad führt von San Liberale zum »Buss de refoss« (den Quellen des Lastego): die Straße von Paderna nach Fietta, die mitten durch den Wald führt, bringt Sie zu der Osteria San Liberale. Auf dem Weg Nr. 153 gelangt man in zwanzig Minuten zu den Quellen des Lastego, die sich in einer malerischen Berghöhle befinden.

Zwischen Mäuerchen, Hügeln und Eichenhainen

Für Liebhaber des Mountainbikes gibt es von Madonna del Covolo aus eine lohnende Rundtour, die zwischen Steilabhängen und Gebirgskämmen, Eichenhainen und Gemüsegärten, Feldern mit Oliven-, Haselnuß- und Sauerkirschbäumen entlangführt. Man startet bei den »piere rosse«, 500 Meter vor der Kirche Madonna del Covolo (dort gibt es einen Parkplatz) und nimmt den Weg der Grotte der »tre buss«. Zunächst hält man sich auf der asphaltierten Straße, die durch das Viertel dei Larghi führt, links. Bei der Schutzhütte »Da Pessa«, die sich an einem schönen Aussichtspunkt befindet, kann man auf einen Imbiß haltmachen. Dann überquert man die Straße, die von Gherla-Sant'Eulalia kommt, und fährt weiter in Richtung Fontanelle und Cassanego (386 m ü. d. M.), einem netten Dorf, das auf zwei natürlichen Terrassen liegt. In dem Ort gibt es noch einige alte Steinhäuser mit Holzbalkonen und bunt dekorierten Taubenschlägen und Höfe, die sich hinter dem typischen Torbogen verstecken. In Cassanego wird ein Fest zu Ehren der Heiligen Eurosia abgehalten, das über die Jahrhunderte seine Ursprünglichkeit ohne falsche Folkloristik bewahrt hat. Wenige Meter von der Kirche entfernt kann man sich in der Schutzhütte Cassanego stärken, die hier auch unter dem Namen »Da Andrea Oche« bekannt ist. Dann geht es weiter bis zu der Straße, die von Gherla-Sant'Eulalia kommt. Man biegt für ein winziges Stück nach rechts ab, bis man auf der linken Seite auf eine asphaltierte Straße kommt, die zu den Ortschaften Rosati und Viti führt. In San Vittore überquert man die Straße, die von Crespano nach Covolo führt. In der Nähe befindet sich der Landgasthof Valderoa, wo man am Wochenende auch übernachten kann. Man biegt nach links ab, in Richtung Baumschule Astego, von wo aus man über einen Pfad zum Ausgangsort zurückkommt.

Ausgangs- und Zielort:
MADONNA DEL COVOLO

Länge:
10 KM

Voraussichtliche Dauer des Ausflugs:
1 STD.

Necropoli ludens

Ausgangs- und Zielort:
ASOLO

Länge:
12 KM

Voraussichtliche Dauer des Ausflugs:

1 STD.

Wenige Kilometer südlich von Asolo, in San Vito di Altivole, ist die von Carlo Scarpa entworfene Tomba Brion, Teil des öffentlichen Friedhofs von San Vito, einen Abstecher wert. Die Necropoli ludens, wie diese Grabstätte genannt wird, ist nach einem originellen Plan errichtet: ein überdachter Durchgang, von Bogen überspannte Nischen, katakombenartige Räume, Grünflächen mit Zypressen und die von Wasser umgebene Kapelle. Das Wasser ist hier offensichtlich Metapher für den fließenden Übergang vom Leben zum Tod sowie für die Entstehung neuen Lebens. Hier atmet man keine Grabesluft. Die Atmosphäre ist heiter und friedlich. Man glaubt sich geradezu in einem Zen-Garten. Geneigte Mauern begrenzen den Blick und lenken das Auge des Betrachters nach innen und in die Tiefe. Wer sich darauf einläßt, die unzähligen Anspielungen und Symbole in der Landschaft zu enträtseln, dem eröffnet sich eine intime, geheimnisvolle Welt. Der Ort lädt dazu ein, in sich hineinzuhorchen und gefühlsbestimmtes Nachdenken zuzulassen, das dem Spiel der kindlichen Phantasie verwandt ist. In diesem Sinne ist die Grabstätte eine Necropoli ludens.

Unterstützt wird dieser Prozeß von dem sehr eigenwilligen Umgang des Architekten mit gegensätzlichen Materialien: Holz und vor allem Beton mit Holzstruktur, glatte und transparente Flächen neben Betonportalen, die eindrucksvolle Perspektiven eröffnen. Die Grünanlage und hier speziell das Wasser mit seinen Spiegelungen und Lichtbrechungen bieten geheimnisvolle Effekte. All dies wird unterstrichen von einer Formensprache, die zwischen poetischer Verspieltheit und ironischer Distanz zu vermitteln weiß.

Tips & Infos
Ausführlicher Adreßteil

Hotels, Restaurants, Osterie, Weinkellereien, Bars, Cafés, Läden, Werkstätten, Ferien auf dem Bauernhof, von Arcigola Slow Food ausgewählt

Essen und Trinken

Trattoria Roma	Restaurant mit guter Küche
Trattoria Roma*	Restaurant mit bemerkenswert guter Küche
Trattoria Roma**	Restaurant mit ausgezeichneter Küche, nicht versäumen

(Schnecke) Restaurant, das uns besonders gut gefällt aufgrund seines gemütlichen Ambientes, der traditionellen Küche und der unverfälschten Gastfreundschaft

ASOLO

Vorwahl: 0423

ÜBERNACHTEN

Hotel Ristorante Villa Cipriani
Via Canove, 298
Tel. 95 21 66
Vier Sterne, 31 Zimmer mit Bad und WC, behindertengerechte Einrichtung; Hunde erlaubt; Babysitter auf Anfrage; großer Garten und Park; Bar und Restaurant.
Preise: EZ 269 000–292 000 Lire, DZ 344 000–383 000 Lire, Frühstück 25 000 Lire.
Alle Kreditkarten

Für die, die es sich leisten können, und die, die glauben, es sich noch in diesem Leben verdient zu haben. Diese zauberhafte venezianische Villa mit Garten und Veranda, in Hanglage, wo Zypressen und Oliven wachsen, ist zum Luxushotel mit Restaurant ausgebaut und kann tatsächlich ein Ersatz für den Garten Eden sein.

Duse (Schnecke)
Via Browning, 190
Tel. 5 52 41
Drei Sterne, 10 Zimmer mit Bad und WC.
Preise: EZ 65 000 Lire, DZ 100 000 Lire, Frühstück 7500 Lire.
Alle Kreditkarten

Diese schöne Villa mit Säulengängen am Ende der Via Browning, kurz vor der Piazza Maggiore, ist zu einem gut eingerichteten Hotel ausgebaut. Sie bietet freundliche Atmosphäre mit allem Komfort. Ideal für einen Aufenthalt in Asolo.

ESSEN

La Trave
Osteria-Trattoria
Ortsteil Pagnano
Via Bernardi, 5
Montags geschlossen
Betriebsferien: 2. Woche im August
Plätze: 80
Preise: 30 000–35 000 Lire, ohne Wein
Kreditkarten: AE, CartaSi, Visa

Seit Mai 1994 führen Franca und Guido diese alte Osteria in Pagnano, einem kleinen Weiler am Musone. Das Lokal ist in einem hübschen Gebäude untergebracht, das Anfang des Jahrhunderts erbaut wurde. Die Wände schmücken alte Photographien von Asolo und kupfernes Kochgeschirr. In diese Osteria kehren die Einheimischen noch auf eine "Ombra" und zum Kartenspiel ein, doch mittags und abends kann man hier auch gepflegt essen, wenn es das Wetter erlaubt sogar auf der lichtdurchfluteten, mit Blumen bepflanzten Veranda. Francos Küche ist noch besser geworden. Er hat zu einer klaren Linie gefunden und setzt inzwischen noch stärker auf die traditionelle Küche der Gegend. Lassen Sie sich doch ganz einfach von den zahlreichen einladenden Primi (die Nudeln sind stets hausgemacht) verführen: Risotto nach Art der Saison, Pasta e fasioi, Bigoli mit Ente oder Kartoffelgnocchi mit Schnecken und Steinpilzen. Von den Secondi empfehlen wir Ihnen Baccalà alla vicentina, Seppie nere mit Polenta, Perlhuhn in salsa verde, Polenta e s'ciosi, Tagliata d'anatra und das Kaninchen. Im Herbst und Winter wird außerdem Wild angeboten. Die Desserts sind ebenfalls selbstgemacht: Tiramisù, Strudel mit einer Sauce aus Waldfrüchten und eine köstliche »Coppa D'Annunzio«. Als Begleiter wird Ihnen Signora Franca einen der offenen Hausweine empfehlen, darunter ein Cabernet und ein Pinot nere dei Colli asolani und aus Pampodipietra. Der Weinkeller bietet aber auch einige gute Flaschenweine.

Ristorante Bar
Ai due Archi
Via Roma, 55
Tel. 95 22 01
Im Winter Mittwoch abends und donnerstags, im Sommer nur donnerstags geschlossen.
Betriebsferien: Juni und September
Plätze: 45 und 35 auf der Terrasse
Preise: 35 000–40 000 Lire, ohne Wein
Alle Kreditkarten

In der warmen Jahreszeit kann man in diesem eleganten und stilvollen Lokal besonders angenehm draußen auf der Holzterrasse sitzen, die über der abschüssigen Piazza mit schönen Renaissancebrunnen liegt. Im Hintergrund blickt man auf die Kirche und die Loggia del Capitano. Die Küche ist raffiniert und konzentriert sich auf die Aromen der Saison und der Gegend – Spargel, Pilze, Radicchio, Kräuter und Sprossen, Lamm und Zicklein –, die jedoch auf eine nicht ortsgebundene Art verwendet werden. Sehr einladend ist die Patisserie. Auch die Weinkarte ist zufriedenstellend. Die Preise sind äußerst moderat angesichts des angenehmen Lokals, der freundlichen Bedienung und der Qualität der Küche.

Locanda Ai due mori*
Piazza D'Annunzio, 5
Tel. 95 22 56
Mittwochs geschlossen
Plätze: 150
Preis: 35 000 Lire
Kreditkarten: DC

Dieses traditionelle Lokal in einem der ältesten Palazzi von Asolo an der Piazzetta del Municipio, nur wenige Schritte vom Castello della Regina entfernt, hat nach Jahren radikaler Renovierung neu eröffnet. Die Zutaten sind immer frisch und die Zubereitung ist einfach, aber sorgfältig und strikt an der Regionalküche ausgerichtet: verschiedene Risotti (nicht zu versäumen der Pilzrisotto in der Saison), warme und kalte Suppen, wie die »sopa coada« (Brotsuppe), »pasta e fagioli« (Nudeln mit dicken Bohnen – im Sommer kalt), hausgemachte Tagliatelle, große gemischte Grillteller, freitags Fisch, vor allem Baccalà. Die Gastlichkeit ist herzlich und familiär. Der Weinkeller ist zufriedenstellend. Wunderschön die Terrasse über den Hügeln.

La Tavernetta*
Via Schiavonesca, 45
Ortsteil Casella d'Asolo
Tel. 95 22 73
Dienstags geschlossen
Betriebsferien: 1. bis 15. 7.
Preise: 40 000 Lire, ohne Wein
Keine Kreditkarten

In Casella an der verkehrsreichen Staatsstraße, die unter dem Hügel von Asolo von Montebelluna nach Bassano führt, haben Fausto und Gianna Pellizzato aus einer alten Osteria ein gutes Restaurant gemacht, indem sie den ländlichen Stil des ursprünglichen Lokals mit sichtbaren Steinmauern, großem Kamin und Einrichtung unterstrichen haben. Die Küche ist alles andere als derb: Obwohl die traditionellen Aromen vorherrschen (Spargel, Pilz, Schnecken, hausgemachte Pasta, »pasta e fagioli«), sind die Gerichte »mit Kopf« und sehr sorgfältig zubereitet. Nicht versäumen sollten Sie die Desserts, die alle hausgemacht sind. Was aber in diesem kleinen Restaurant am meisten überrascht, ist die Weinkarte: 150 sorgfältig ausgewählte, und das in einer Gegend wie der Mark Treviso, wo das Weinangebot oft auch in den besten Restaurants eher vernachlässigt wird.

OMBRE E CICHETI

Enoteca in Asolo
Via Browning, 185
Tel. 95 20 70
Montags geschlossen
Öffnungszeiten: 9–12.30 Uhr, 15–20 Uhr (Freitags, samstags und sonntags bis 1 Uhr nachts)

Dieses Lokal unter den Arkaden in unmittelbarer Nähe des Hotels »Duse« ist gleichzeitig traditionelle Osteria und qualifizierte Weinhandlung (über 400 Weine). Die Tafel hinter dem schönen Ausschank zeigt eine Liste (sie wechselt alle zehn Tage) mit nicht unbedeutenden Weinen der verschiedenen Regionen Italiens, die offen zu vernünftigen Preisen angeboten werden. Dazu empfehlen wir den guten, typischen Käse und die regionale Soppressa (eine scharfe, preßsackartige Wurst) oder am Wochenende köstliche Frittata mit Kräutern essen. (Angenehmer Nebenraum!)

EINKAUFEN

Käse, Wurstwaren

Gastronomia Sgarbossa
Via Browning, 151

Unter den Arkaden der Via Browning kündigen einige Schaufenster schon von den Köstlichkeiten von Ennio Sgarbossa: hervorragende Käse, Würste, Focacce und über dem Holzfeuer gebackene Pinze, eine reiche Auswahl an Weinen, Essig und edlen Bränden. Man kann der Versuchung, einzutreten, kaum widerstehen. Aber warum sollte man auch?

Süßes

Forno a legna
di Pierluigi Bianchin
Via Canova, 344

An der Kreuzung Via Canova und der ansteigenden Via Belvedere befindet sich eine mehr als hundert Jahre alte Holzofenbäckerei, die das Brot immer noch auf alte Art ohne hydrierte Fette und Konservierungsstoffe herstellt. Der alte Ofen mit seinen quadratischen Öffnungen – eine, um das Brot einzuschieben, die anderen, um die Reisigbündel und Reblinge zu trocknen – die Holzbalken unter der Decke, der Boden aus unregelmäßigen Marmorstücken, die schönen Backtröge, alles ist erhalten geblieben, nicht um es zur Schau zu stellen, sondern um es immer noch wie einst zu gebrauchen. Neben den klassischen, runden Cioppe füllen Cornetti und Giraffe die Bäckerkörbe. Daneben stehen Tüten mit Zwieback, Mandelgebäck und Zaleti (Kekse aus Maismehl mit Rosinen). Im Schaufenster hängen Tüten mit volkstümlichem Gebäck wie »ossi da morto«, Bigarini in Vulvaform, die man Wöchnerinnen schenkt, und Pandoli in Phallusform: die Leute – so erzählt Maffioli – knabberten zuerst von den »ossi da morto« die beiden kugelförmigen Enden ab und verwandelten sie so unter Beschwörung in Pandoli.

Keramik

Aldo Bernardi
Via Vittorio Veneto, 2
Paderno del Grappa

Aldo Bernardi macht Lampen, Schalter und Fassungen aus weißer Keramik, wie sie einst gebräuchlich waren und heute für die Renovierung alter Bauernhäuser unentbehrlich sind.

La Terracotta di Asolo
Via Browning, 176

Ceramiche Thea
Via Schiavonesca
Marosticana
Ortsteil Casella

Kunsthandwerkliche Keramik ist immer noch sehr beliebt. Tatsächlich hat die Verarbeitung von Ton eine lange Tradition in Asolo, so daß eines der Wahrzeichen der Stadt Symbol der Fruchtbarkeit der Cuco ist, ein Blasinstrument aus Terrakotta in Form eines Vogels oder eines Reiters. Seit Jahrzehnten wird dem Cuco jedes Jahr das Fest zu Ehren des heiligen Gotthard in den ersten Maitagen gewidmet.

Seide, Stoffe

Scuola Asolana dell'Antico Ricamo
Via Sottocastello, 6

Diese Stickereischule, die die jahrhundertealte Tradition der Klöpplerinnen von Asolo wiederaufgenommen hat, besteht in ihrer heutigen Form seit 1920. Die Leitung von Lucia Casale hat ihre Spuren in der Auswahl der Muster und Techniken hinterlassen (sie basiert auf der genauen Kenntnis der Spitzen und wertvollsten Stickereien mit »gezählten Fäden« der wichtigsten europäischen Museen): die Schülerinnen lernen nicht auf Vorgezeichnetes zu sticken, sondern Muster zu kopieren, indem sie mit unendlicher Geduld die Fäden der Einschüsse des Leinens zählen. Hier finden Sie Tischdecken, Mitteldecken, Firmbücher, Glasdeckchen, kleinere Arbeiten und Schachteln. Sie können auch Gobelins und herrliche Garnituren bestellen, wie sie vor allem die Engländer lieben.

Tessoria Asolana
Via Marconi, 136

Eine Kalifornierin, Lucy Beach, und eine Engländerin, die Schriftstellerin und Forschungsreisende Freya Stark, haben diese alte Weberei gefördert und ihr internationales Ansehen verschafft. Sie ist auch heute noch voll in Funktion, und es werden immer noch die Webstühle aus dem frühen 19. Jahrhundert verwandt, um Seide für Tapeten, Kleider, Halstücher, Schals und Krawatten herzustellen. Die Farben inspirieren sich bewußt an den Schattierungen der Leinwände der Maler Giorgione, Tiepolo und Veronese. Einige Modelle basieren auf Zeichnungen von Carlo Scarpa. Wenn man keine palladianische Villa einzurichten hat, kann man sich doch zumindest einen Foulard gönnen.

BORSO DEL GRAPPA

Vorwahl: 0423

SCHLAFEN UND ESSEN

Locanda Monte Grappa
Via Monte Grappa, 2
Tel. 56 11 13
Zwei Sterne, 13 Zimmer mit Bad; behindertengerechte Einrichtung, Hunde erlaubt, Bar, Restaurant.
Preise: EZ 60 000 Lire,
DZ 90 000 Lire,
Frühstück 7000 Lire.
Vollpension 90 000 Lire,
Halbpension 80 000 Lire.

Ruhiges und preiswertes kleines Hotel im Dorf, mit gepflegtem Restaurant (hausgemachte Gnocchi, Bigoli mit Entensauce, Gemüsepastete, »stinco«, gute Rostbraten). Mittleres Preisniveau. 35 000 Lire, ohne Wein.

ESSEN

Baita Camol*
Via Strada Giardino
(auf dem Monte Grappa)
Tel. 56 79 10
Das ganze Jahr samstags und sonntags, im Juli und August jeden Tag geöffnet.
Betriebsferien: November
Plätze: 100
Preise: 30 000–35 000 Lire

Die gemütlichen Räume werden mit einem riesigen Majolikaofen geheizt. In der wärmeren Jahreszeit kann man auch auf der großen Holzterrasse speisen. Die Küche ist sehr gepflegt, die Pasta hausgemacht. Es werden viele Produkte vom Monte Grappa verarbeitet (Kümmel, wilder Spargel und Radicchio, Löwenzahn, Pfifferlinge, Bohnenkraut) und Pilze für Risotto, Aufläufe, Cràpes und Beilagen; gemischte Grillteller, Haxen, Zicklein, Lamm, hausgemachte Nachspeisen mit Waldbeeren. Sonntags hoffnungslos überfüllt.

Rifugio Cassanego
Ortsteil Cassanego
Tel. 56 11 60

Käse, Soppressa (Preßsack), Bohnen oder Polenta in einem schönen, warmen holzgetäfelten Raum mit Herd. Die ideale Rast nach einer Radtour.

EINKAUFEN

Erbsen

Associazione Bisicoltori di Borso del Grappa
Via Martiri del Grappa, 8

Im Juni ist Messe, und den ganzen Monat gibt es gastronomische Kostproben an den Ständen wie Erbsenauflauf, Risi e Bisi, Seppioline mit Erbsen, geschmorte Erbsen, Erbsentorte. Auf der Piazza Sant' Eulalia und in vielen Restaurants der Gegend (wie im »Ristorante Albergo Montegrappa di Borso«, »Il Tinello di Solagna«, »La Tavernetta« in Casella d'Asolo und »La Torre di Zan Zenone«) gibt es spezielle Erbsengerichte. Die Erbsen aus Borso werden sehr geschätzt (die Vereinigung der Erbsenproduzenten hat ein eigenes Gütesiegel). Der frische und lockere Boden, das spezielle Klima und der absolut natürliche Anbau garantieren die Qualität. Die Vereinigung der Erbsenproduzenten fördert inzwischen kontrollierten biologischen Anbau. Die Erbse von Borso ist besonders fest, angenehm süß und sehr zart. Sie läßt sich gut dünsten und zerfällt nicht beim Kochen. Geschmack und Geruch sind unverkennbar, die Farbe intensiv. Für nähere Informationen wenden Sie sich bitte an den Präsidenten der Vereinigung, Giuseppe Bordignon, Via Misquille, 4, Tel. 56 14 00.

Salami, Soppressa

Antonio Celotto
Via Misquille
Ortsteil Sant'Eulalia

Er züchtet, schlachtet und verarbeitet Schweine und produziert hervorragende Soppresse und Salami.

Torten, Süßes

Pasticceria Biaggioni
Via Roma, 20

Während der gesamten Erntezeit produziert die Pasticceria die traditionelle Torta de Biso, die Erbsentorte.

PFERDEAUSFLÜGE

Associazione Ippica Monte Grappa
Via Molini, 55
Tel. 56 10 44

CARBONERA

Vorwahl: 0422

EINKAUFEN

Handwerk

Cottoveneto
Vicolo Tentori, 12

Dieser Betrieb hat mit viel Phantasie die Keramiktradition von Treviso wiederbelebt. Schon immer haben die Handwerker hier mit Geschick und Gespür die Farbgebung der großen venezianischen Malerei auf die Verzierung der Alltagsgegenstände zu übertragen gewußt. Neben der Produktion von kleinformatigen Kacheln der Sorten »Cottoforte«, »Cotto naturale« und »Gresvetrato« stellt Cottovento auch die sogenannten »Sassi del Piave« her und besinnt sich dabei auf den Gebrauch der kleinen lokalen Natursteine für Böden im Stil »Villa Veneta« oder für dekorative Einlegearbeiten. Motive wie Früchte, Gemüse, Blumen, Tiere tauchen in der hübschen Serie »Natur« auf (kleine Mosaiktafeln, die man in Böden oder Wandverkleidungen einlassen kann), auf den Sammlertellern, auf den Cuchi (Okarinen aus Terracotta) und originellen Einrichtungsgegenständen. Neben der Sammlung mit Tellern, Cachepots, Weinkühlern und wunderschönen Uhren aus Terracotta lohnt die Fabrik wegen ihrer Ausstellung von Paneelen, Tellern und roh geritzten Objekten einen Besuch. Hier atmet man noch die Atmosphäre einer alten Werkstatt: in diesem Atelier haben an die sechzig Künstler gearbeitet, um in Rohton nicht etwa einfache Dekorationen, sondern wahre Kunstwerke einzuritzen.

CASACORBA

Vorwahl: 0423

ÜBERNACHTEN

Villa Corner della Regina
Via Corriva, 10
Tel. 48 14 81
Vier Sterne, 23 Zimmer mit Bad, Bar, Ristorante, Babysitter-Service, Tennisplatz, Swimmingpool
Preise: EZ 125 000–200 000 Lire, DZ 200 000–430 000 Lire, Frühstück 25 000 Lire.
Alle Kreditkarten

Eine prachtvolle venezianische Villa aus dem 18. Jahrhundert mit Garten und Park. Landhotel der Luxusklasse mit Restaurant in der Orangerie und Übernachtungsmöglichkeit in den umgebauten Wirtschaftsgebäuden.

ESSEN

Ristorante Munaron
Via Munaron
Tel. 45 11 43
Montags geschlossen
Betriebsferien: 2. bis 20. August
Plätze: 240
Preise: 50 000 Lire, ohne Wein (Fischmenü), 35 000 Lire, ohne Wein (Wildmenü)
Keine Kreditkarten

In der Gegend der Silequellen gab es jahrzehntelang für Wanderer, Fischer und Jäger mitten in den Sümpfen eine Mühle mit Gastronomiebetrieb, die im Zweiten Weltkrieg zerstört wurde. Vor 25 Jahren wurde gegenüber, oberhalb einer wilden Schichtquelle, ein Restaurant erbaut, das den Namen der alten Mühle trägt. Die Küche bietet hauptsächlich auf Wildbret, Meeres- und Flußfisch. Spezialität des Hauses ist Anguilla coi amoi, Aal mit kleinen, wilden Pflaumen. Garten mit Quellwasserteich, großer Parkplatz. Günstiger Ausgangspunkt für Ausflüge zu den Schichtquellen.

CASALE SUL SILE

Vorwahl: 0422

EINKAUFEN

Käse

Caseificio Zanchetta
Via Filzi, 1

Ein kleiner Familienbetrieb, der die Milch jeden Tag frisch von den umliegenden Höfen einsammelt. Er produziert hervorragenden Stracchino, Ricotta, Mascarpone, Casatelle con la Goccia und durchgereifte Käse. Darüberhinaus können Sie hier auch köstliche hausgemachte Tortellini und Ravioli kaufen.

Holzobjekte

Bruno Gobbo
Vicolo Verdi, 15

Herr Gobbo ist ein Liebhaber des Sile. Seit dreißig Jahren pflegt er an den Ufern entlangzuspazieren und die Wasservögel zu beobachten. Zu Hause schnitzt er sie dann mit einem einfachen Messer aus Holz. Ein Besuch lohnt sich.

CASIER

Vorwahl: 0422

ESSEN

Osteria alla Pasina*
Via Pescheria, 15
Ortsteil Dosson
Tel. 38 21 12
Montag abends und dienstags geschlossen
Betriebsferien: August
Plätze: 45
Preise: 25 000–40 000 Lire, ohne Wein
Alle Kreditkarten

Carlo Pasin hatte das Glück, Bepo Maffioli zum Freund zu haben, der in seine Osteria-Trattoria kam, um zu experimentieren: Aus dieser Zusammenarbeit sind Gerichte hervorgegangen, die in der Trevisaner Küche Geschichte gemacht haben, vor allem jene mit rotem Radicchio, wie die Nudeln und dicken Bohnen mit Radicchio, das Fondue mit Radicchio, Ente mit Radicchio, Tartar und Carpaccio von rohem Radicchio. Heute gibt es viele neue Rezepte, wie mit Käse gefüllte Kürbisblüten, geschmorte Frösche, Jakobsmuscheln gefüllt mit Scampi, Spargel und Tintenfisch, Gnocchi mit geräuchertem Lachs und Krebs, Roulade vom Wolfsbarsch und Scampi mit Rüben und Zucchini, Hirschfilets und Reh mit Fruchtpüree. Die Portionen sind immer reichhaltig. Offener Wein, Piave oder Lison-Pramaggiore, aber auch gute Sortenetiketten aus anderen Regionen. Mittags ißt man à la carte für 25 000 Lire; abends ist das Menü umfangreicher.

CASTEL-CUCCO

Vorwahl: 0423

ÜBERNACHTEN

Albergo Ristorante Monte Grappa
Viale Montegrappa, 8
Tel. 56 31 23
Zwei Sterne, 17 Zimmer mit Bad, Bar, Ristorante, Parkplatz.
Preise: EZ 40 000 Lire, DZ 80 000 Lire, Frühstück 6000 Lire.

Altes renoviertes Gasthaus im Zentrum des Ortes. Freundlicher Empfang; familiäres Ambiente. Hausmannskost.

CAVASO

Vorwahl: 0423

ESSEN

Al Ringraziamento**
Via San Pio X, 107
Sonntag abends und montags geschlossen
Betriebsferien: variabel
Plätze: 20
Preise: 50 000–55 000 Lire, ohne Wein
Alle Kreditkarten

Dieses kleine, gemütliche und freundliche Restaurant ist einen Abstecher wert, wenn Sie Cavaso nicht sowieso schon auf Ihrem Streifzug durch die Aso-

lanischen Hügel eingeplant haben. Hier wird jedenfalls nach bester Tradition von Asolo gekocht, und gleichzeitig weht ein neuer Wind mit fremdländischen Aromen durch die Küche. Aber die Kombination von lokalen, mediterranen Produkten und nordischen Einflüssen, die Mauro anbietet, sind kein Zufall, denn er hat jahrelang in Deutschland gearbeitet. Viele Wohlgerüche (von Gewürzen, Blumen, Kräutern und Beeren) und frische Zutaten (von Steinpilzen bis zum Fisch, Gemüse und Sprossen der Jahreszeit) verfeinern in Saucen, Aufläufen, Terrinen und Mousse die deutschen Varianten. Köstliche Desserts, sehr guter Service, gute Weinkarte.

Da Martin
Via Castelcies, 35
Tel. 54 50 63
Montag nachmittags und dienstags geschlossen
Betriebsferien: zwischen Juni und Juli
Plätze: 50
Preise: 15 000–25 000 Lire
Keine Kreditkarten

In Castelcies, zwischen Monfumo und Asolo, in der Nähe der mittelalterlichen Kirche San Marino befindet sich die Osteria von Gemma Capuzzo. Sie war schon immer ein beliebter Treffpunkt. Die Küche ist traditionell, mit althergebrachten, gut unterscheidbaren Geschmacksausprägungen: Die Risotti schmecken nach Hühnerbrühe, die hausgemachte Pasta nach frischen Eiern, die Hühner und Kaninchen sind mit Korn gemästet. Weitere Spezialitäten: Polenta mit »osei«, »s'cios co'e Ortighe« (mit Schnecken, Brennesseln und anderen Kräutern), Pilze und in der Saison viel Wildbret. Unter der Woche kann man nur auf Vorbestellung essen. Lokale Weine, darunter der Vino del Monfumo, der von der Osteria selbst hergestellt wird; ein Wein, der in Farbe und Duft seine Herkunft verrät: er kommt von den Kletterweinstöcken der Hügel, von einer eisenhaltigen Tonerde.

EINKAUFEN

Käse

Latteria Sociale Pedemontana del Grappa
Via Marconi, 49

Die Senner bringen die Milch, die sie nicht in der Sennerei verbrauchen, und alles, was sie in den Wintermonaten produzieren (es sei denn, sie haben die Genehmigung, es selbst in ihren Betrieben zu verarbeiten), in die Latteria Sociale. Die Einrichtung hat eine jahrhundertealte Geschichte. Sie wurde 1887 als Società Anonima Cooperativa gegründet und hat immer für die Qualität von Milch und Käse garantiert. Sie ist mit modernen Geräten ausgerüstet, und dennoch behält sie handwerkliche Produktionstechniken bei. In dem Geschäft in Cavaso findet man neben Käse auch Würste lokaler Produktion, Honig von den Hügeln und aus den Bergen Akazien- und Kastanienhonig.

CRESPANO DEL GRAPPA

Vorwahl: 0423

ESSEN

Agriturismo Al Covolo
Vicolo San Carlo, 1
Tel. 53 89 80
Im Sommer die ganze Woche geöffnet, während der anderen Monate nur freitags, samstags und sonntags.
Plätze: 60
Preise: 18 000 Lire

Spezialitäten: Kaninchenrollbraten, Aufschnitt, »formaggio cotto«; »pasta e fagioli«, Suppen mit Kräutern der Saison. Reitstall, Trekking.

Agriturismo Valderoa
Via Valderoa
Tel. 53 80 85
Plätze: 60

Spezialitäten: Ente und Huhn in Sauce, Suppe mit Waldkräutern, »pasta e fagioli«, Käse. Eigener Kastanien- und Akazienhonig zum Verkauf.

Bar Enoteca Venezia
Piazza San Marco
Tel. 5 37 20
Montags geschlossen
Betriebsferien: September
Plätze: 70
Preise: 50 000–60 000 Lire (mit Fisch),
Keine Kreditkarten

Osteria aus dem 19. Jahrhundert. Vor allem Weine aus dem Trevigiano (Prosecco, Raboso und Marzemino), mit Sorgfalt ausgewählt, die gut zum angebotenen Imbiß passen, wie zum Beispiel sauer eingelegte Sardinen oder fritierter Fisch. Mittagsmenü.

EIS

Bar Canova
Piazza San Marco

Dieses Café ist sehr originell, mit Säulen und neoklassizistischer Fassade. Die Raumaufteilung erinnert an ein kleines Theater mit Parkett und Galerie. Es ist ein Vergnügen, sich vor dem Cafe niederzulassen und die einzigartige Piazza zu genießen. Man glaubt sich geradezu in ein Dorf des 19. Jahrhunderts zurückversetzt. Der Platz wird von den langen und flachen Bauten begrenzt, die als Werkstätten genutzt wurden. Die alten Schriften und Schilder gleichen der Dekoration für einen Film aus jener Zeit. Hervorragendes hausgemachtes Eis.

EINKAUFEN

Cooperativa Produttori Agricoli Madonna del Covolo
Via Sant'Antonio, 12

Fleisch von kleinen, lokalen Züchtern, Käse, Würste; Akazien- und Kastanienhonig sowie Sommerblütenhonig von der Vereinigung der Honigproduzenten der Pedemontana.

Käse

Giglio Signor
Via Monte Colombrera, 14

Diese sehr guten Käse findet man an einem der Stände des sonntäglichen Marktes auf der Piazza in Crespano.

FANZOLO DI VEDELAGO

Vorwahl: 0423

ÜBERNACHTEN

Antica Postumia
Via Monte Grappa
Tel. 47 62 78
Drei Sterne, 25 Zimmer mit Bad, behindertengerechte Einrichtung.
Preise: EZ 60 000 Lire, DZ 100 000 Lire mit Frühstück
Kreditkarten: die gängigsten

Ein modernes und komfortables Hotel, das sich gut als Ausgangspunkt für einen Besuch der Quellen eignet.

EINKAUFEN

Pasticceria Zizzola
Via Artesini, 50

Familie Zizzola produziert seit 70 Jahren die berühmte Fregolotta, einen trockenen Kuchen ohne Treibmittel, der nur aus Butter, Zucker, Mehl, Eiern und Milch zu Klümpchen verarbeitet wird, so daß beim Backen eine feste Kruste entsteht. Daher kann man den Kuchen nicht schneiden, sondern nur in große Stücke brechen. Diesen Kuchen findet man in den besten Geschäften Italiens. Erfinderin war Tante Evelia, die im Backofen ihres Bruders ein altes Rezept einer Jugendfreundin ausprobierte. Die Enkel backen neben der Fregolotta auch eine Variante mit Mandeln sowie eine ganze Reihe Vollwertbackwaren.

FONTE ALTO

Vorwahl: 0423

ESSEN

Casabianca
Via Fontanizzi, 4
Tel. 94 98 33
Mittwochs geschlossen
Betriebsferien: August
Plätze: 30
Preise: 30 000 Lire

Gepflegte, aber nicht traditionelle Küche, auch wenn sie an den Jahreszeiten orientiert ist. Das einzige regionale Gericht: Baccalà. Gutes Preis-Leistungs-Verhältnis.

Enoteca da Nino
Piazza San Pietro, 3
Tel. 94 92 38
Dienstags geschlossen
Betriebsferien: August
Plätze: 30
Preise: 6000–10 000 Lire pro Gericht
Keine Kreditkarten

Nino Dal Bello betreibt auf wenigen Quadratmetern die alte Dorfosteria mit offenem Wein und Kartenspiel sowie, in einem abgetrennten Raum, eine der bestbestückten Weinkellereien der ganzen Provinz. Er ist Gastgeber der alten Schule und zeitgemäßer, qualifizierter Weinkenner in einem. Bei ihm gibt es 500 Weine, darunter die besten italienischen und ausländischen. Man kann sie alle mit Wurst und Käse oder auch (auf Vorbestellung) mit einer Pastasciutta oder anderen Gerichten wie Risotto, Kutteln, Huhn oder gekochter Zunge genießen.

MASER

Vorwahl: 0423

ESSEN

Da Bastian
Via Cornuda
Ortsteil Muliparte
Tel. 56 54 00
Mittwoch abends und donnerstags geschlossen
Betriebsferien: August
Preise: 40 000–50 000 Lire

Zu den Spezialitäten dieses Restaurants in der Nähe der Villa Maser gehören die Antipasti mit Gemüsepâtés, die Risotti »all'onda« mit Kräutern der Jahreszeit, Bollito misto, Rostbraten und Wildbret. Der Service ist sehr freundlich.

Agriturismo Il Giardino
Via Vollina, 38
Ortsteil Crespignaga
Tel. 52 92 90
Zwei Zimmer
Plätze: 45

Vegetarische Küche mit selbst angebauten, biologischen Produkten.

EINKAUFEN

Wein, Öl

Azienda Villa Maser
Via Cornuda, 1

Dieser zur Villa gehörende Landwirtschaftsbetrieb produziert gute Weine. Der Pinot-Bianco-Weinberg, der mit besonderer Sorgfalt gepflegt wird (grüner Beschnitt, frühzeitige Ernte, um die Fruchtigkeit zu erhalten), produziert den duftenden Maserino mit vollem, trockenem Geschmack. Das Prosecco-Weinfeld, das auf dem Hügel hinter der Villa liegt und nach Süden geht, wird mit dem Quellwasser versorgt, von dem schon Palladio berichtet. Der Wein ist lebendig und fruchtig, mit einem Duft, der an säuerliche Äpfel erinnert. Der Verduzzo hingegen wächst auf einem lehm- und kalkhaltigen Boden, in einer luftigeren und trockeneren Lage. Der sogenannte Brolo, schon im 16. Jahrhundert Weinberg des Hauses, ist heute mit Cabernet-Reben bepflanzt, die in alten Eichenfässern zu einem körperreichen und duftenden Rotwein reifen. Der Merlot-Weinberg befindet sich auf kieshaltigem Boden und ist einem trockenen, fallenden Wind ausgesetzt. Die Trauben werden spät geerntet, und so erhält der Wein einen deutlichen, natürlichen Alkoholgehalt, ist sehr farbintensiv und körperreich, von intensivem und vielfältigem Duft. Der Weinkeller aus dem 19. Jahrhundert hat unter anderem unterirdische Steingewölbe, wo große Eichenfässer lagern. Neben den Weinbergen besitzt der Betrieb auch einen Olivenhain mit mehreren tausend Bäumen autochthoner Arten (Gregna, Favoral, Pertegate, Casaliva, Composter): eine Seltenheit. Seit der Ernte 1993 wird in der Ölmühle ein Olio extra vergine hergestellt, das echte Lagenqualität hat. Man kann Wein und Öl in dem Geschäft/Bar neben dem Besuchereingang kaufen.

MONFUMO

Vorwahl: 0423

ESSEN

Osteria Dall'Armi
Via Chiesa, 16
Ortsteil Castelli di Monfumo
Tel. 56 00 10
Mittwochs geschlossen
Betriebsferien: letzte Augustwoche und die ersten beiden Wochen im September sowie am 25. Dezember
Plätze: 25
Preise: 15 000–20 000 Lire
Keine Kreditkarten

Von der Terrasse hat man einen wundervollen Blick über das ganze Tal und die Hügel von Monfumo, von den Olivenhügeln bis zur Villa Ca' Cordiani. Hier ist der Ausgangs- und Zielpunkt für die empfohlene Fahrradroute. In der schönen Jahreszeit ist das Lokal sonntags zu meiden, weil es hoffnungslos überfüllt ist. Die Spezialität dieser Osteria sind die Frittate, von der typischen Frittata »rognosa«, mit Zwiebeln und Wurst, bis zu den Frittate mit frischen Kräutern, »bruscandoli« (Hopfensprossen), »rosoline«, »sparasi de bosco« (wildem Spargel), »rustegor« (Mäusedornwurzeln) oder Brennesseln. Es gibt aber auch Tagliatelle mit Pilzen, geschmortes Huhn und geschmolzenen Käse.

Osteria alla Chiesa*
Via Chiesa, 14
Tel. 54 50 77
Montag abends und dienstags geschlossen
Betriebsferien: unterschiedlich
Gedecke: 30
Preise: 50 000 Lire ohne Wein
Kreditkarten: alle

In dieser alten Osteria, die einst von den Glöcknern betrieben wurde, die zwischen den Messen Wein ausschenkten, haben Guerino (genannt Gerry) und Maurizio Menegon neben dem traditionellen Weinausschank auch ein Restaurant. Man kann hier daher tagsüber auf ein Gläschen guten Wein haltmachen. Und guten Wein gibt es hier soviel man will: Auf der Karte stehen über 150 Sorten. Aber es lohnt sich auch, bei Gerry zu essen: seine Kochkunst steht seinen Weinen in nichts nach. Er orientiert seine Küche streng an den Jahreszeiten: Pilze, Spargel, Artischocken, Radicchio, Kräuter, Schnecken und Sprossen gibt es im Frühling. Seine Phantasie – und seine Vorliebe für das Ausgefallene – zeigen sich in der Zubereitung, die jedoch immer mild und gut abgestimmt ist: Nudeltropfen mit Ricotta auf Spinat, Tagliatelle mit Taubenragout, Lammkoteletts im Teigmantel mit Spargel, Ente in Fragolinowein, Perlhuhnterrine mit frischem Gemüse. Die Desserts sind ein Vergnügen: Nußtörtchen mit Muskatwein-Zabaione, Akazienhonigpudding mit Keksen. Das Ambiente ist intim und ruhig: vier Tische im Erdgeschoß, ein Raum neben der Küche; dem Saal im ersten Stock ist eine überdachte Terrasse vorgelagert, die besonders an Sommerabenden schön ist.

MORGANO

Vorwahl: 0422

ESSEN

Eredi Schiavon
Via Campagna, 2
Tel. 7 37 01
Mittwochs geschlossen
Betriebsferien: keine
Plätze: 35
Keine Kreditkarten

Mitten auf dem Land, einen Kilometer vom Sile entfernt, versorgt diese alte, winzige Drogheria die Bauern der Gegend mit Gewürzen für ihre Würste und betreibt eine Trattoria. Diese Küche bietet Pappardelle mit Ente, Perlhuhn mit Peperonata, gemischte Grillfleischteller und Gemüse der Saison. Spezialität ist Ente mit Fagioli. Die beste Zeit, um dieses Gericht zu probieren, ist der Juli, wenn die Enten vom Sile, die im März geschlüpft sind, noch klein und zart sind. Ente mit Fagioli gibt es auch traditionell beim Dorffest am 16. Juli, das der Madonna del Carmine gewidmet ist. Die Fagioli werden zur Ente kalt mit Öl und Pfeffer serviert, nach Geschmack auch mit Knoblauch und Zwiebeln.

ONIGO DI PEDEROBBA

Vorwahl: 0423

ESSEN

Da Domenico
Via Curogna, 129
Tel. 6 40 02
Montags und dienstags geschlossen
Ferien: variabel
Plätze: 45
Preise: 20 000–25 000 Lire
Keine Kreditkarten

In dem wunderschönen Dörfchen Curogna, am Fuße des Monte Grappa, hat sich diese Osteria aus dem 19. Jahrhundert ihre ursprüngliche Rustikalität erhalten: rohe Balken und Steinböden, alte Anrichten, eine Feuerstelle und lange Tische. Hier ist seit jeher der Treffpunkt für die Jäger der Gegend, und daher findet man gutes Wildbret (vor allem Hasenpfeffer). Mit Salami und Innereien würzt Signora Augusta auch die Gnocchi und Tagliatelle. Man kann aber auch nur einen Wurstteller oder Formaggio cotto mit Polenta oder Gartengemüse essen. Unter der Woche ist die Osteria angenehm und ruhig, am Wochenende hingegen ist es hier sehr voll und laut.

Le Rive*
Via Rive, 32
Tel. 6 42 67
Dienstags und mittwochs geschlossen
Betriebsferien: variabel (Februar und September)
Plätze: 50 und 20 im Garten
Preise: 20 000–25 000 Lire
Keine Kreditkarten

Dieses hübsche kleine Restaurant findet sich in einem geschmackvoll restaurierten Palazzo in einer winzigen Straße, die vom Dorf zum Deich des Piave führt. Die kleinen Räume sind sehr gepflegt, es gibt viel Holz und Ziegel, der Garten ist ruhig und luftig. Das allein würde schon genügen, um gerne in das Restaurant zu gehen. Aber es gibt noch einen essentiellen Grund: die feine Küche. Die Produkte sind immer frisch, vor Ort gewachsen und entsprechen der Jahreszeit. Pilze, Artischocken, Radicchio, Frühjahrskräuter, Spargel. Den Schwerpunkt bietet die regionale Küche: Tiere vom eigenen Hof, Hasen, Kutteln, Baccalà, Tintenfisch, Bohnen. Doch auch die traditionellsten Gerichte lassen Flavios Kochkünste durchschmekken, immer Farben, Aromen und Geschmäcker gut aufeinander abgestimmt. Wie zum Beispiel das Carpaccio aus Kirschen und rotem Paprika, die Maccheroncini mit Saisongemüse, das mit Joghurt vermischt wird, der lauwarme Perlhuhnsalat mit Gartengemüse. Gemüse ist die Grundlage fast aller Gerichte, von den Tartes, Mousses und Crèpes, die als Antipasto gereicht werden, bis zu den Risotti, Aufläufen, Suppen und Cremes, den Saucen und Füllungen. Besonders delikat sind auch die hausgemachten Desserts: Tiramisù, Panna cotta mit frischen Saisonfrüchten, Creme Caramel, Strudel und verschiedene Fruchtdesserts. Die Weine kommen hauptsächlich aus der Gegend. Ein bemerkenswertes Preis-Leistungs-Verhältnis.

EIS

Gelateria Ai Due Ponti
Via Piave, 1

Ein angenehmer Rastplatz mit Terrasse. Das Eis wird aus ausgesuchten frischen Rohstoffen handwerklich hergestellt.

POSSAGNO

Vorwahl: 0423

ÜBERNACHTEN

Albergo Ristorante Stella d'oro
Via Canova, 46
Tel. 54 41 07
Zwei Sterne, 10 Zimmer mit Bad, Bar, Restaurant, Parkplatz.
Preise: EZ 40 000 Lire,
DZ 60 000 Lire,
Frühstück 6000 Lire.
Vollpension 53 000 Lire,
Halbpension 42 000 Lire.

Ein kleines, sauberes, frisch renoviertes Hotel im Zentrum. Angenehme Gastlichkeit, familiäres Ambiente, gepflegte Küche.

PFERDEAUSFLÜGE

Circolo Ippico Sauro del Rivamonte
Via Strada Nuova
Tel. 54 47 75

PREGANZIOL

Vorwahl: 0422

ÜBERNACHTEN

Park Hotel Bolognese Villa Pace
Via Terraglio, 175
Tel. 49 03 90; grüne Nummer: 16 78-6 13 80
Vier Sterne, 50 Zimmer mit Bad und WC, davon 4 mit behindertengerechter Einrichtung. Bar, Restaurant, Sauna, Gymnastikraum, Hydromassagen, Ruheraum, Konferenzräume.
Preise: EZ 90 000 Lire,
DZ 145 000 Lire (mit Frühstück).
Kreditkarten: alle

Wenige Kilometer von der Stadt entfernt, Richtung Venedig und Flughafen, von Straßenlärm geschützt durch den jahrhundertealten, riesigen Park, bietet die Villa Pace die Atmosphäre eines Landhauses im Stil der venezianischen Villen mit dem modernsten Komfort. Bei der letzten Renovierung wurden die eleganten neoklassizistischen Linien des späten 19. Jahrhunderts und die venezianischen Stuckarbeiten hervorgehoben.

ESSEN

Enoteca Ombre rosse*
Via Franchetti, 78
Ortsteil San Trovaso
Tel. 49 00 37
Sonntags geschlossen
Öffnungszeiten: 18–2 Uhr nachts
Betriebsferien: 10 Tage Ende

August und 15 Tage
im Januar
Plätze: 40
Preise: 30 000–40 000 Lire,
ohne Wein
Keine Kreditkarten

Endlich gibt es ein solches Lokal. In Treviso gab es keine Weinkellerei mit Ausschank, wo man einen guten, nicht unbedingt bäuerlichen Wein trinken konnte. Jetzt haben Claudio und Tessa wenige Kilometer südlich der Stadt, Richtung Venedig (in der Nähe der Villa Franchetti) in einem Bauernhaus mit schönen Arkaden, viel Holz und Ziegeln ein sympathisches Lokal eröffnet, wo man nur ein Gläschen trinken oder auch etwas dazu essen kann. Und dieses »etwas« bleibt der Laune von Tessa überlassen, die aus frischen, mit Sorgfalt ausgewählten Produkten Speisen aus den verschiedensten Regionen und Kulturen zubereitet. Im Winter gibt es vorwiegend lokale Gerichte, wie »pasta e fagioli«, »sopa coada« und verschiedene Gerichte mit rotem Radicchio. Im Garten hinter dem Lokal wachsen alle Kräuter, mit denen man Fleisch, Fisch und Saucen würzt. Die Weinkarte bietet über 300 Sorten, der Schwerpunkt liegt auf toskanischen und piemontesischen Rotweinen. Aber auch die besten Weine aus dem Trevigiano fehlen natürlich nicht.

EINKAUFEN

Radicchio rosso

Elia Gatti
Via Baratta Vecchia, 26
Ortsteil San Trovaso

Ferdinando Menegazzi
Via Schiavonia, 90c

Preganziol gehört zu den besten Gegenden für den Anbau von rotem Radicchio, den man in der Saison (Dezember und Januar) direkt bei den Produzenten kaufen kann. Dies sind zwei der besten Adressen.

QUINTO

Vorwahl: 0422

ÜBERNACHTEN

Locanda Righetto
Via Ciardi, 2
Tel. 37 91 01
Zwei Sterne, 9 Zimmer mit Bad, Klimaanlage und Telefon. Bar, Restaurant, Parkplatz.
Preise: EZ 50 000 Lire,
DZ 77 000 Lire,
Vollpension 80 000 Lire,
Halbpension 70 000 Lire.
Kreditkarten: alle

Ein gemütliches, kleines Hotel, das dem Restaurant angeschlossen ist. Es verfügt über jeglichen Komfort, ohne daß die familiäre Atmosphäre verlorenginge. Abends kann man sich zum Schwatzen mit den Hausbesitzern oder auf ein Gläschen in die Stube setzen. Der Parkplatz ist am Ufer des Sile.

Locanda Stella d'Oro
Via V. Emanuele, 38
Tel. 37 98 76
Zwei Sterne, 24 Zimmer mit Bad, Telefon und TV. Parkplatz, Bar, Hunde erlaubt.
Preise: EZ 50 000 Lire,
DZ 77 000 Lire.
Kreditkarten: BA, CartaSì, Visa

Dieses Hotel aus dem 19. Jahrhundert, das kürzlich renoviert wurde, befindet sich an der Staatsstraße Noalese. Die meisten Zimmer gehen aber auf den baumbewachsenen, ruhigen und kühlen Garten, der am Ufer des Lago Inferiore des Sile liegt.

ESSEN

Righetto*
Via Ciardi, 2
Montags geschlossen
Betriebsferien: Januar und Ende September
Plätze: 80 und 40
im Sommer
Preise: 40 000–50 000 Lire,
ohne Wein
Keine Kreditkarten

Neben dem Landungssteg der »Locanda Righetto« sind große Kisten mit Ankern auf dem Grund des Flusses befestigt. Darin befindet sich kein Schatz, sondern Aal. In den perforierten sogenannten »Vivèri« werden die Aale mindestens zwei Monate gehalten, damit sie das Fett und die schlechten Körpersäfte verlieren. Seit vierzig Jahren kümmert sich Signor Antonio um das Leben und den »guten Tod« seiner Bisati, wie es vor ihm sein Vater und auch der Vater seines Vaters tat: Seit dem 18. Jahrhundert betreiben die Righetto hier eine Trattoria, die seit jeher Synonym für den Aal ist. Einst war er das Essen der Armen und auch in schlechten Zeiten ein Geschenk des Flusses. In der Küche verarbeiten Antonios Frau und seine Schwiegertochter, die eifersüchtig die Familienrezepte hüten, die Aale in schmackhafte, traditionelle Gerichte: geschmorter Aal, fritierter Aal uso Scampi, Risotto, Aalsuppe oder, etwas feiner, Aalröllchen, Crostini mit Pâté und Saucen. Natürlich fehlen auch andere Süßwasserfische und die traditionellen Fleisch-

gerichte nie. Der Weinkeller bietet eine gute Auswahl italienischer Weine. Das »Righetto« wird es so lange geben, wie es den Sile gibt, sagt Signor Antonio, der sein Stück Fluß hegt und pflegt wie einen Garten.

La Rosta
Via Rosta, 26
Tel. 37 09 72
Mittwochs geschlossen
Plätze: 250
Betriebsferien: variabel
Öffnungszeiten: 17–2 Uhr nachts (sonntags auch von 12–15 Uhr)
Preise: 30 000–35 000 Lire (Fleischmenü), ohne Wein; 55 000–60 000 Lire (Fischmenü), ohne Wein
Kreditkarten: AE

Es gibt nichts Angenehmeres, als die Abkühlung durch den Fluß auf der Landungsstegterrasse zu genießen, die über den Sile führt und diese ehemalige Mühle mit der Mühle Rachello verbindet, die noch in Betrieb ist. Auf der einen Seite das fast stillstehende Wasser des Lago Superiore, auf der anderen schnell fließendes. Ein idealer Ort für eine Pizza an einem Sommerabend.

EINKAUFEN

Mehl

Molino Rachello
Via Rosta

Die letzte Mühle des Sile, die noch in Betrieb ist, ist ein Erbe einer alten Müller-Dynastie. Die Mühlsteine werden jedoch nicht mehr von wasserangetriebenen Rädern bewegt, sondern von modernen Walzwerken. Das qualitativ hochwertige Weizenmehl findet man in vielen Bäckereien und Geschäften der Stadt.

RONCADE

Vorwahl: 0422

ÜBERNACHTEN

Albergo Al Cacciatore
Via Roma, 82/84
Tel. 70 70 65
Ein Stern, 9 Zimmer mit Bad.
Preise: EZ 32 000 Lire, DZ 50 000 Lire, Frühstück 6000 Lire. Vollpension 70 000 Lire, Halbpension 55 000 Lire
Alle Kreditkarten

Ein einfaches, preiswertes Hotel, ohne große Ansprüche, aber sauber und gemütlich.

ESSEN

Agriturismo Castello di Roncade
Via Roma, 141
Tel. 70 87 36
2 Apartments für 5 Personen für 140 000 Lire pro Tag.

Ferien auf dem Schloß, wie man es von besten französischen Touristengegenden kennt. Die Villa Giustinian, deren Fassade zum Musestre zeigt, ist ein elegantes Bauwerk aus dem späten 15. Jahrhundert, das von einer zinnengekrönten Mauer umgeben ist. Die mittelalterlichen Türme erwecken den Anschein eines Kastells, obwohl sie nie zur Verteidigung gedient haben, sondern nur zur Lagerung von Landwirtschaftsprodukten. Die Fassade ist sehr großzügig mit Doppelloggen und Freskendekoration. Der italienische Garten wird von großen Laubengängen abgeschlossen. Seit sechzig Jahren befindet sich das »Kastell« im Besitz der Barone Ciani Bassetti, die es erworben haben, um daraus einen Landwirtschafts- und Weinbaubetrieb zu machen.

EINKAUFEN

Käse

Caseificio Bettiol
Via Pantiera, 3

Die Familie Bettiol produziert eine hervorragende geräucherte Ricotta, die einen süßen, leicht säuerlichen Geschmack hat und nur mild geräuchert ist. Gut ist auch die frische Ricotta, die Casatella und der Montasio, in verschiedenen Reifegraden.

WEINKELLEREIEN

Castello di Roncade
Via Roma, 141
Tel. 70 87 36

Das Kastell produziert die besten Tocai, Merlot und Cabernet Piave der Gegend, bei interessantem Preis-Leistungs-Verhältnis. Mit einer 40 Zentimeter hohen Schicht Caranto ist der Boden ausgesprochen geeignet für Weinanbau. Eines der Weinfelder mit äußerst kräftigen Rebstöcken befindet sich in dem Ortsteil Pantiera, das andere ist in der Nähe der Barchessa. Der wertvollste Wein des Betriebs ist der Cru Villa Giustinian, aus dem Bordelaiser Mischsatz geradlinig, weich und mit klarem Charakter.

SAN BIAGIO DI CALLALTA

Vorwahl: 0422

ÜBERNACHTEN

Albergo Monreal
Via Postumia Centro, 182
Tel. 79 71 24
Zwei Sterne, 9 Zimmer mit Bad. Bar, Restaurant.
Betriebsferien: zweite Augusthälfte
Preise: EZ 48 000 Lire, DZ 70 000 Lire, Frühstück 5000 Lire. Vollpension 70 000 Lire, Halbpension 60 000 Lire.
Kreditkarten: AE, Visa

Einfache Gemütlichkeit in einem Hotel mit Familienführung.

ESSEN

L'Escargot
Ortsteil San Martino
Tel. 8 99 06
Montag abends und dienstags geschlossen
Betriebsferien: 10. bis 30. August
Plätze: 80
Preise: 40 000 Lire, ohne Wein
Kreditkarten: AE, DC, Mastercard, Visa

In dem kleinen Vorort San Martino, gleich neben einem schönen mittelalterlichen Oratorium, das sich im Musestre spiegelt, liegt dieses Restaurant (als Emblem hat es ein Schneckenpaar), das spezialisiert ist auf Schnecken à la Bourguignonne und fritierte Frösche. In der Saison gibt es viele Gerichte mit rotem Radicchio, Pilzen und Kürbisblüten. Die meisten Weine werden offen ausgeschenkt. Angenehm kühl ist der Sommergarten.

Da Procida*
Via Casaria, 1
Tel. 79 78 18
Montags und Dienstag abends geschlossen
Betriebsferien: August und Januar
Plätze: 45
Preise: 35 000–40 000 Lire
Keine Kreditkarten

Dieses Landhaus liegt weit entfernt von Weilern und befahrenen Straßen in einer Gegend, die noch reich ist an Kanälen und Wäldern. Seit über einem Jahrhundert betreibt die Familie Procida hier eine Trattoria. Es ist einer der ursprünglichsten Landgasthöfe der gesamten Mark Treviso. Signor Giorgio, ein liebenswürdiger Gastgeber, überwacht den Weinausschank in der Osteria und berät im Restaurant die Gäste in Sachen Wein. Er wählt persönlich gute regionale Weine aus und füllt sie ab, aber er verfügt auch über einige anerkannte Sorten der Region. Andrea kümmert sich um den Service und die gesamte Organisation. Die allbekannte Signora, die kräftig von ihrer Schwiegertochter unterstützt wird, bereitet hervorragende Frittate mit Gemüse, »sopa di tripa«, gewürzt mit Rosmarin, Lorbeer und Gewürznelken, köstlichen geschmorten Tintenfisch mit Erbsen und freitags einen schmackhaften Baccalà zu. Wir empfehlen Ihnen auch das Bollito mit Rind, Zunge, Huhn, Kopf und Schweinefuß, zu dem ein Holznapf mit grobem Salz, die traditionelle Salsa verde (Essig, Sauerampfer, Petersilie und gekochte Eier) und Meerrettichsauce serviert werden.

EINKAUFEN

Käse

Latteria Gaion
Via Catania
Ortsteil Cavrié

Der Casatella (ein typischer Käse der Mark) von Gaion ist äußerst cremig und süß. Einst wurde er zu Hause gemacht, aus dem Überschuß der nicht verkauften Milch. Es gab sogar unter den Produzentenfamilien die Tradition, sich gegenseitig auszuhelfen: Wer Milch übrighatte, brachte sie dem Nachbarn, der sich ein anderes Mal revanchierte. Der Käse wurde also aus einer Mischung verschiedener Milchsorten mit verschiedenen Säuregraden hergestellt und mußte sofort konsumiert werden. Dieser Käse wird vor allem im Winter hergestellt. Er ist besonders gut, wenn er ohne Maschinen nach Hausmannsart hergestellt wird, wie eben jener der Käserei Gaion, die noch ein echter Familienbetrieb ist.

SAN ZENONE DEGLI EZZELINI

Vorwahl: 0423

ESSEN

Alla Torre
Via Castellaro, 17
Ortsteil Sopracastello
Tel. 56 70 86
Dienstags und Mittwoch mittags geschlossen
Betriebsferien: Januar
Preise: 40 000–50 000 Lire, ohne Wein
Kreditkarten: AE, BA, DC

Das Restaurant hat eine wunderbare Lage zwischen den Hügeln von San Zenone und dem Monte Grappa. Gegenüber liegt der Turm des Kastells der Ezzelini, Mahnmal tyrannischer Zeiten und legendärer Grausamkeiten, aber auch der romantischen Geschichte von Cunizza und dem Dichter Sordello da Goito. Im Sommer ist auch der schöne Garten des Restaurants geöffnet. Die Räume im Innern sind sehr dezent eingerichtet. Die Gerichte sind saisonabhängig und immer sehr sorgfältig zubereitet. Die Basis bilden wilde Kräuter (zum Beispiel bei den Risotti), Spargel (Spargel-Carpaccio, »Piatto del Giorgione« genannt), Radicchio, Pilz und Wildbret (Pilzsuppe, Entenbrust mit Pilzen, Zwergtrappe und Hirschfilet mit Radicchio). Die Weinkarte ist groß: mehr als 180 Sorten, vor allem aus den »Tre Venezie«.

EINKAUFEN

Heilkräuter

Erboristeria Parrocchiale Madonna della Salute
Piazzale Chiesa

Heilkräuter, Elixiere, Sirup, Tinkturen, Reformhausprodukte und Naturkosmetik, Honigwaben, Pollen, Propolis.

PFERDEAUSFLÜGE

Centro Ippico Valgranda
Via Cime, 21
Ortsteil Sopracastello
Tel. 96 87 11

SILEA

Vorwahl: 0422

ESSEN

Osteria da Bruno
Via Sant'Elena, 96
Tel. 9 40 59
Montags geschlossen
Betriebsferien: 6. bis 30. September
Preise: 25 000–55 000 Lire (Fischmenü), 4000–5000 Lire (Häppchen von fritiertem Fisch)

Eine Gelegenheit für eine kühle und geruhsame Pause an einer der schönsten Biegungen des Sile, um ein wenig fritierten Fisch zu genießen.

Osteria Da Nea
Via Alzaia sul Sile, 22
Tel. 36 02 10
Mittwoch nachmittags und donnerstags geschlossen
Betriebsferien: variabel
Preise: 20 000–30 000 Lire (Fischmenü), 4000–5000 Lire (Häppchen von fritiertem Fisch)

Dieser Anlegeplatz am Sile ist ein traditioneller Treffpunkt für Fischer und Schiffer. Eine schattige Rast nach einem Spaziergang und eine gute Gelegenheit, einen Teller frisch fritierten Fisch zu essen.

TREVISO

Vorwahl: 0422

ÜBERNACHTEN

Locanda Beccherie
Piazza Ancillotto, 10
Tel. 54 08 71
Ein Stern, 14 Zimmer ohne Bad.
Preise: EZ 30 000 Lire, DZ 50 000 Lire

Albergo Campeol
Piazza Ancillotto, 4
Tel. 5 66 01
Zwei Sterne, 14 Zimmer mit Bad.
Preise: EZ 63 000 Lire, DZ 90 000 Lire, Frühstück 6000 Lire.
Alle Kreditkarten

Beide Hotels gehören der Familie Campeol, die auch das Restaurant »Alle Beccherie« führt. Es befindet sich in der Altstadt zwischen der Piazza dei Sig-

nori und der Piazza Pescheria. Einige Zimmer gehen direkt auf den Canale dei Buranelli. Die angemessenste Art, in der Stadt zu wohnen.

Ca' del Galletto
Via Santa Bona Vecchia, 30
Tel. 43 25 50
Vier Sterne, 50 Zimmer mit Bad, Klimaanlage, TV, Minibar, behindertengerechte Einrichtung, Tennisplatz, großer Parkplatz, Garten, Bar, Restaurant »Albertini«.
Preise: EZ 90 000–105 000 Lire, DZ 135 000–200 000 Lire, Frühstück 10 000 Lire.
Alle Kreditkarten

Etwas außerhalb der Stadt in nordwestlicher Richtung, in einer relativ ruhigen Wohngegend gelegen; ein modernes, gepflegtes Haus, das auch für Kongresse ausgestattet ist.

Carlton
Largo Porta Altinia, 15
Tel. 41 16 61
Vier Sterne, 93 Zimmer mit Bad, Minibar, TV, Privatparkplatz.
Preise: EZ 90 000–110 000 Lire, DZ 140 000–180 000 Lire, Frühstück 15 000 Lire.
Alle Kreditkarten

Continental
Via Roma, 16
Tel. 41 12 16
Vier Sterne, 81 Zimmer mit Bad, Minibar, TV. Behindertengerechte Einrichtung, Hunde erlaubt, auf Wunsch Babysitter-Service.
Preise: EZ 135 000, DZ 200 000–250 000 Lire.
Alle Kreditkarten

Beide Hotels befinden sich in der Nähe des Bahnhofs.

Scala
Viale Felissent, 1
Tel. 30 76 00
Drei Sterne, 20 Zimmer mit Bad, Minibar, TV, Bar, Restaurant, Parkplatz.
Preise: EZ 78 000–90 000 Lire, DZ 150 000 Lire. Vollpension 150 000 Lire, Halbpension 100 000 Lire, Frühstück 12 000 Lire.
Alle Kreditkarten

Dieses Hotel liegt etwas außerhalb der Stadt, an der Staatsstraße Pentebbana (in Richtung Conegliano) in einer schönen venetischen Villa. Das Restaurant ist sehr gepflegt. Die Zimmer, die auf die Staatsstraße gehen, werden leider durch den Verkehrslärm gestört. In der Umgebung gibt es viele Villen aus dem 19. Jahrhundert mit großen Parks. Wenige Schritte entfernt bietet der öffentliche Park der Villa Manfrin Tennisplätze, Naturlehrpfade und erholsame Spaziergänge über Wiesen und unter Bäumen, zwischen dem Freilichttheater und den langen Zedern-Laubengängen. In der Nähe gibt es auch eine Pferderennbahn.

ESSEN

Albertini*
Via Inferiore
Tel. 57 92 68
Sonntags und Montag mittags geschlossen
Betriebsferien: zwischen Juli und August
Plätze: 40
Preise: 60 000–70 000 Lire, ohne Wein
Alle Kreditkarten

Dieses Restaurant ist wie das »Albertini« in Visnadello auf Fisch spezialisiert, der immer frisch ist: Von den Muscheln zu den Krustentieren, von gekochten über den gegrillten bis zum gebratenen Fisch. Gute Weinauswahl. Angenehme, ruhige Atmosphäre. Tadelloser Service.

All'antica torre*
Via Inferiore, 55
Tel. 5 36 94
Sonntags geschlossen
Betriebsferien: August
Plätze: 40
Preise: 50 000–70 000 Lire, ohne Wein (Fischmenü), 28 000 Lire (konventionelles Menü), ohne Wein
Kreditkarten: AE, CartaSì, EC, Visa

Dieses Restaurant befindet sich im Erdgeschoß eines mittelalterlichen Turms. Backsteinziegel und Holzbalken, aber auch erlesene Tischwäsche und Gläser schaffen eine warme, gemütliche Atmosphäre. Die Küche bietet Düfte und Aromen des Meeres in verschiedenen Variationen, immer sehr gut zubereitet und ganz auf die Jahreszeit abgestimmt: Antipasti »Alto Adriatico«, Risotti »alle seppie in nero« und verschiedene Fische, alles immer ganz frisch. Der Fisch wird gedämpft und mit aromatischen Kräutern gewürzt. Der Wirt Reis Zorzo bietet auch ein traditionelles Menü zu einem festen Preis an: »Soppressa de casada« (hausgemachte Wurst), »Risotto alla sbiraglia« (Risotto mit Huhn, Innereien und Hopfensprossen), »pasta e fagioli«, »sopa coada«, »osei scampai« (Spieße mit Schweinefleisch, Schweineleber, Würsten und Speckwürfeln), Tintenfisch, Fritto misto mit Polenta, gekochte Kartoffeln mit Knoblauch und Petersilie, geschmortes Feldgemüse. Der Weinkeller bietet eine gute Auswahl italienischer Weine, hauptsächlich Weine aus dem Collio.

Alle Beccherie*
Piazza Ancillotto, 10
Tel. 54 08 71
Donnerstag abends
und freitags geschlossen
Plätze: 120
Betriebsferien: Juli
Preise: 50 000–60 000 Lire, ohne Wein
Kreditkarten: AE, CartaSì, DC, Visa

Ein klassisches Provinzstadt-Restaurant: nicht neureich, eingeschlossen zwischen einer kleinen Piazza, einer Gasse und einem Kanal, in einer Gegend zwischen gutbürgerlichen Straßen und Plätzen sowie Marktviertel und Fischmarkt. Die Raumaufteilung ist so, daß Sie immer einen ungestörten Platz bekommen können. Seit jeher gibt es hier die typischen Gerichte Trevisos: »Sopa coada«, »pasta e fagioli«, »risi e bisi«, Risotti mit verschiedenen Kräutern und Gartengemüsen (in der Saison Radicchio), Baccalà, Siedfleisch mit Essigmeerrettich oder Salsa verde, Perlhuhn mit »salsa peverada« (zubereitet aus Perlhuhnleber, Soppressa, Sardellen, zerkleinertem grünen Paprika, Salbei, Rosmarin, Essig, Weißwein). Unter den Desserts natürlich Tiramisù, das ja hier erfunden wurde.

Al Bersagliere**
Via Barberia, 21
Tel. 54 19 88
Samstag abends
und sonntags geschlossen
Betriebsferien: 7.–22. August
Plätze: 50
Preise: 40 000–60 000 Lire, ohne Wein
Alle Kreditkarten

Dieses elegante und ruhige Restaurant ist nur wenige Schritte von der Piazza dei Signori entfernt, in dem ältesten Gasthaus der Stadt (angeblich waren hier auch Dante und Boccaccio zu Gast). Die Küche ist immer gepflegt. Die Gerichte sind international, aber mit persönlicher Note: Gnocchi alla Bersagliera, verschiedene Steinpilzgerichte und Saucen nach Saison zu den Primi und Secondi. Roberto Mondin durchlief die hohen Schule von Arrigo Cipriani, und einige seiner Gerichte, wie Seezunge alla Carlina, die durch Hemingway berühmt wurde, erinnern an die legendären Zeiten von Harry's. Aber die Speisekarte – die vor dem Restaurant mit Preisen aushängt – bietet auch einige Regionalgerichte, wenn auch abgewandelt: Baccalà, Suppe mit rotem Radicchio oder Leber à la Trevigiana, ebenfalls mit Radicchio. Auf der Weinkarte Gewächse aus dem Veneto sowie anderen italienischen Regionen.

L'Incontro*
Largo Altinia, 13
Tel. 54 77 17
Mittwochs und Donnerstag
mittags geschlossen
Betriebsferien: August
Plätze: 70
Preise: 50 000–60 000 Lire, ohne Wein
Alle Kreditkarten

Unter dem Bogen der Porta Altinia – einem der drei monumentalen Stadttore – in der Nähe des Canale della Polveriera, eingerahmt von grünen Gärten, bietet das Restaurant L'Incontro eine raffinierte und zurückhaltende Atmosphäre. Der Service ist tadellos, die Küche sehr gepflegt und nicht provinziell, obwohl sie lokale Gerichte bietet: Baccalà, Kutteln, Risotto mit Kräutern der Saison, Spaghetti »alla sbrinsolona« und verschiedene Gerichte mit rotem Radicchio. Eine angemessene Weinkarte mit Weinen aus dem Veneto und anderen Regionen.

Ai mulini
Strada di Mure, 19
Tel. 40 19 05
Montags geschlossen
Betriebsferien: zwischen August und September
Plätze: 50 und 30
im Sommergarten
Preise: 35 000–70 000 Lire, ohne Wein, Fleischmenü an Wochentagen 16 000 Lire
Alle Kreditkarten

Am besten gelangt man vom Wasser aus hierher, denn das Restaurant liegt am Ufer des Sile neben der ehemaligen Mühle Granelle auf Höhe der hölzernen Brücke, die zu einer anderen, renovierten Mühle führt (heute Sitz des Kajak-Vereins). Man kann aber auch entlang der Mauer, die den Militärflughafen von Canizzano begrenzt, mit dem Auto hierherfahren. An warmen Sommerabenden ist der Garten eine Oase. Die Spezialität des Restaurants ist natürlich Fisch, aber nicht Süßwasserfisch. Wir empfehlen Spaghetti mit Hummer oder Langusten, Steinbutt aus dem Backofen und vor allem die gemischten Fischgrillteller. Wochentags gibt es mittags ein sehr günstiges Fleischmenü. Bei den Weinen ist vor allem der Prosecco zu empfehlen.

Toni del Spin*
Via Inferiore, 7
Tel. 54 38 29
Sonntags und Montag
mittags geschlossen
Betriebsferien: August
Plätze: 70
Preise: 25 000–30 000 Lire
Kreditkarten: CartaSì, Visa

Gleich hinter der Piazza dei Signori, in einem schönen, gut restaurierten alten Gebäude mit Sichtbalken und unverputzten Mauern, befindet sich Toni del Spin, eine der wenigen verbliebenen typischen Trattorien. Hier geht es heiter und nicht lackiert zu. »Spin« bezieht sich auf die Liste der Baccalà-Gerichte: »conso« (im Salat) oder in »tecia« mit Polenta. Baccalà ist das Gericht, das seit jeher Aushängeschild des Lokals war. Aber es gibt auch, je nach Saison, Graupensuppe, und natürlich »pasta e fagioli«, »sopa coada«, »bigoli« mit Ente, Reis und Kartoffeln, Artischockensuppe, Gans vom Grill mit Sellerie, Kutteln, Ente und Perlhuhn mit »salsa peverada«. Große Tafeln, die von der Decke hängen, bieten venezianische und friulanische offene Weine zu angemessenen Preisen. Mittags ist es hier sehr voll mit Bank- und Büroangestellten, abends ist es eher ruhig.

Ein kleiner Imbiß

Pizzeria La Piola
Via Filodrammatici, 9
Tel. 54 02 87
Montags geschlossen
Öffnungszeiten: 12–2 Uhr nachts
Keine Betriebsferien

In einer der schönsten Gassen der Altstadt ist die Pizzeria Piola ein angenehmer Rastplatz für ein leichtes Mittagessen (große Salatauswahl) oder eine Pizza um Mitternacht.

Bar Al Santo
Via Campana, 45
Tel. 5 09 78
Im Sommer sonntags und Montag morgens, im Winter nur montags geschlossen
Öffnungszeiten: im Winter 10–14.30 Uhr; 17–24 Uhr; im Sommer 10–14 Uhr; 18–1 Uhr nachts
Betriebsferien: variabel

Die Bar zwischen der Kirche San Francesco aus dem 13. Jahrhundert und der Brücke über den großen Cagnan hat einen kühlen Garten direkt am Wasser. Man kann hier Salat, Crêpes, Gemüseauflauf oder kalte Gerichte genießen und bei dem gleichmäßigen Klatschen der Mühlenflügel entspannen.

Caffè Ai Soffioni
Piazza dei Signori, 26
Tel. 5 24 35
Vom 1.10.–30.4. montags geschlossen, vom 1.5.–30.9. sonntags geschlossen
Öffnungszeiten: 8–1.30 Uhr
Keine Betriebsferien

Angenehme und ruhige Atmosphäre, sowohl in den geschlossenen Räumen als auch im Sommergarten. Ein guter Platz, um die Bevölkerung Trevisos auf der Piazza zu studieren. Dieser Ort eignet sich immer für eine Rast (durchgehend geöffnet). Mittags kann man hier eine leichte Mahlzeit zu sich nehmen: Primi 5000–10 000 Lire, Secondi 10 000–18 000 Lire, Verdure 7000 Lire.

OMBRE E CICHETI

Al Calice d'oro
Via Pescheria, 5
Tel. 54 47 62
Sonntags geschlossen
Betriebsferien: Juli
Öffnungszeiten: 7–15 Uhr; 16–20.30 Uhr

Lokale dieser Art werden immer seltener: eine Osteria mit authentischer Küche, ohne irgendwelche Schnörkeleien. Es ist ein Genuß, am späten Vormittag zusammen mit den Obst- und Fischverkäufern hier einzukehren, im Winter eine stärkende »sopa di tripe«, »becolar bovoleti« mit Knoblauch und Petersilie oder Knorpelsalat mit Zwiebeln zu essen. An den wenigen Tischen kann man auch gehaltvollere Speisen zu sich nehmen, wie »pasta e fagioli«, geschmorten Tintenfisch oder frisch fritierten Fisch. Und das Ganze für ein paar tausend Lire.

Osteria al Dante
Piazza Garibaldi, 6
Tel. 5 18 97
Samstags und sonntags geschlossen
Betriebsferien: 7.–21. August
Öffnungszeiten: 8–24 Uhr

Wo der Sile mit dem großen Cagnan zusammenfließt, trifft man auf dieses besonders in der schönen Jahreszeit angenehme Lokal mit einer Holzterrasse auf den Fluß. An der Theke gibt es immer eine große Auswahl an Tintenfisch, »bogoi« (Nudeln mit Öl, Knoblauch und Petersilie angemacht), »canestrei e canoce« (Meereszikaden), »musetto« (warme Kochwurst) mit Polenta, geschmortem Tintenfisch, Knorpelsalat (von gekochtem Kalbfleisch, mit Öl, Essig und Zwiebelringen angemacht), »durei« (Hühnermagen und Innereien), Fleischklößen, Artischockenböden, gekochten Zwiebeln und Kartoffeln mit Knoblauch und Petersilie. Das Wirtspaar ist sehr freundlich.

Muscoli's
Via Pescheria, 25
Tel. 5 33 90
Sonntags geschlossen
Betriebsferien: September
Öffnungszeiten: 7–23 Uhr (im Sommer bis 24 Uhr)

Auch in dieser historischen Osteria der Pescheria gibt es warme Fleischklößchen, »s'ciosi« oder hervorragende Crostini zu Wein, der nicht nur aus dem Veneto kommt, sondern auch aus dem Friaul und dem Trentino. Im Sommer – vielleicht nach einer Theatervorstellung auf der angrenzenden Piazza San Parisio – kann man draußen an den Tischen auf der Insel des Fischmarktes sitzen.

Dai Naneti
Vicolo Broli, 2
Kein Telefon
Sonntags und Mittwoch nachmittags geschlossen
Öffnungszeiten: 8.30–14 Uhr; 16–20.30 Uhr
Betriebsferien: 1.–20. August

Eine seltsame Verbindung aus Lebensmittelgeschäft und Osteria in der Nähe des Palazzo dei Trecento. Einst bekannt als »Nonsoli« oder »I Spentenai«, hat sie seitdem den Namen und zum Teil auch die Pächter gewechselt. Hier kann man einen »ombra« mit Käse oder wirklich hervorragende Wurstwaren zu sich nehmen: neben den lokalen Käsesorten gibt es mehrere Sorten Pecorino, sehr guten frischen Speck, Esels- und Pferdewurst sowie Getrüffeltes. Alles kann man auch kaufen, wie in einem normalen Geschäft. Natürlich auch die verschiedenen Brotsorten, Pasta, Reis und in Öl eingelegte kalabresische Spezialitäten. Einige gute Flaschen Wein zum Mitnehmen.

Alla pescheria
Via Pescheria, 41
Tel. 5 27 19
Sonntags geschlossen
Betriebsferien: August
Öffnungszeiten: 7–23 Uhr

Auf der anderen Seite der Piazza della Pescheria, unter den Bogengängen, bietet diese Osteria exquisite, sauer eingelegte Sardinen, weiche, hausgemachte »salami di casada«, knusprig fritierte Sardinen, kleine Tintenfische, »masanete« (kleine Meereskrabben) – und je nach Jahreszeit – »moleche«, Kürbisblüten, Kartoffeln und Zwiebeln.

Bar Trevisi
Vicolo Trevisi, 6
Tel. 41 08 79
Sonntags geschlossen
Öffnungszeiten: im Winter 8.30–14.30 Uhr; 15.30– 21.30 Uhr; im Sommer 8.30–14.30 Uhr; 18–22.30 Uhr
Keine Betriebsferien

Luca und Sandro, zwei sympathische junge Männer, ehemalige Besitzer der Osteria Spetenai und gute Gastgeber alten Stils , sind in die enge Gasse umgesiedelt, die von der historischen Apotheke »Ai do pomi« über den Ponte della Malvasia zur Pescheria führt. Sie locken die Jugendlichen scharenweise von der Coca-Cola weg, um sie dem Wein näherzubringen, den sie zusammen mit Käse und Wurst anbieten. Die Weine kommen nicht nur aus der Gegend, sondern auch aus dem Friaul, dem Trentino und der Toskana und sind mit Passion ausgewählt. Im Winter gibt es auch sauer eingelegte Sardinen, Kutteln und hervorragende Musetti. Im Sommer kann man auf einem Holzpodest draußen sitzen. Unschlagbar günstige Preise.

EINKAUFEN

Süßes

Pasticceria Ardizzoni
Via Nervesa della Battaglia, 83

Franco Ardizzoni ist nicht nur ein guter Konditor, sondern auch ein findiger Forscher. Er hat das traditionelle Rezept für die Zonglada überarbeitet, ein Kuchen, der im Mittelalter so weit verbreitet war, daß die Gemeindesatzung eigens dafür bestimmte Richtlinien bezüglich Echtheit, Gewicht und Verkaufspreis festlegte und die Abrahmung der Milch verbieten mußte, da sonst die Zonglada »deteriores et inscipide«, d.h. minderwertig geworden wäre. Für eine bessere Haltbarkeit hat Ardizzoni die Ricotta aus dem Rezept herausgenommen, aber Milch, Mehl, Eier, Butter, Grieß, Mandeln, getrocknete Feigen, kandierte Aprikosen, Rosinen, kandierte Orangen, Pinien- und Haselnußkerne sowie Zimt gelassen. Diese schwere, duftende Torte könnte tatsächlich wieder die typische Süßigkeit von Treviso werden. Neben der Zonglada backt Ardizzoni auch hervorragendes venezianisches Gebäck. Baicoli, Sbreghe (mit Mandeln), Bianchetti (mit Anisduft) und Zaleti (mit Maismehl und Rosinen). Zu Karneval gibt es Fritole und Crostoli, im Herbst »fave dei morti«, ein Gebäck aus einem Teig mit Mandeln und Pinienkernen, in den drei traditionellen Farben: weiß, rosa und braun (mit Kakao). Exquisit auch die Mousse und das Halbgefrorene.

Käse

L'alimentazione
di Antonio e Stefania Carpenedo
Via Carlo Alberto, 53

In diesem kleinen Geschäft bei der Kirche Santa Maria Maggiore verkauft Signora Carpenedo neben den köstlichsten hausgemachten Delikatessen (vor allem Käse und Wurstwaren), die sie bei den winzigsten Herstellern von den Langhe bis zum Salento streng auswählt, auch die Käse, die ihr Mann heranreifen läßt. Nach zwanzig Jahren als Käsemacher hat Signor Antonio die Eigenproduktion eingestellt. Die Milch genügte nicht mehr seinen Ansprüchen. Heute holt er den Rohstoff dort, wo er noch nach Wiese und Heu duftet, auf den kleinen Almen am Fuße des Monte Grappa und in den Bergen, in der Hochebene von Asiago und in der Hohen Carnia, wo Käse aus Kuh- und Schafsmilch vorbereitet werden, die er dann bei sich reifen läßt. Seine Spezialität – eine neue Version traditioneller Konservierungstechniken – ist der »betrunkene« Montasio, den er aus Kuh- und Schafsmilch zur Zeit der Weinernte in lokalem Rotwein oder Fragolino einlegt, damit er während der Fermentation mit neuen Aromen und dem Duft von Tannin angereichert wird. Nach einigen Monaten ist der »Betrunkene« reif und wird kiloweise abgepackt. Signor Antonio macht auch einen Frischkäse in Asche, der mit einer Gewürzmischung aus Zimt, Gewürznelken, Muskatnuß, bitteren Orangen und Trüffelaroma gewendet ist.

»Latte e…«
di Franco Pieri
Via Sant'Antonio, 110

Lassen Sie sich nicht von Antonios bescheidener Art einwickeln: er ist nicht nur ein guter Lebensmittelhändler, sondern ein wahrer Fanatiker. Er versteht es, die besten Spezialitäten und Süßwaren aus verschiedenen Regionen auszuwählen, wobei er sich auch auf ernsthafte Marktforschung stützt. Seinem Kunden kann er Herkunft, Zusammensetzung und Tradition eines jeden Produkts erklären und empfiehlt den passenden Wein. Neben Käse, Konserven, Öl, Wurst aus bester italienischer Herstellung auf dem Hof. Darüber hinaus bemüht er sich, den hiesigen Reichtum an Käse und Milchprodukten den kleinen Produzenten der Hügel und des Voralpenlandes anzubieten.

Feinkost

Bottega del baccalà
Via Pescheria, 12

Diese historische Bottega befindet sich mitten auf dem Fischmarkt. Leider wurde bei einer kürzlichen Renovierung die schöne Originaleinrichtung mit den alten Regalen und der Theke, auf der der Baccalà geklopft wurde, entfernt. Die Bottega ist einen Besuch wert, nicht nur wegen des Baccalà, der »gewässert« und kochfertig, als Stockfischmus, nach Treviser Art oder schon fertig zubereitet angeboten wird. Auch die Heringe, die geräucherten Makrelen und Forellen, die Auswahl an in Öl oder Essig Eingelegtem sowie Hülsenfrüchte, Getreide, Pilze, Tomaten und Trockenfrüchte lohnen sich.

Cacciolato
Vicolo Rialto, 25e
Piazza Pola, 1

Den Brüdern Cacciolato ist es in wenigen Jahren gelungen, ihr Geschäft zu einem der qualifiziertesten italienischen Zentren mit ausgewählten Delikatessen werden zu lassen. Bei der Auswahl ihrer Waren achten sie streng auf Qualität, auf Echtheit und Eigenart. Sie begnügen sich nicht damit, die berühmtesten Spezialitäten zu führen. Sie machen sich auf die Suche nach kleinen Produzenten von Käse, Öl, Wurstwaren und Süßigkeiten. Hier findet man daher die besten regionalen italienischen und ausländischen Produkte von kleinen Handwerksbetrieben. Wenige Meter von dem Geschäft im Vicolo Rialto entfernt wollen die Cacciolato demnächst ein gemütliches Lokal eröffnen, wo man die Spezialitäten des Geschäfts in aller Ruhe bei einem guten Glas Wein probieren kann.

Casa del baccalà
Piazza San Vito, 33

Neben dem Baccalà findet man hier eine große Auswahl an Getreide und getrockneten Hülsenfrüchten, Kapern und Oliven aus verschiedenen Regionen, getrocknete Kräuter, in Öl oder Essig Eingelegtes.

Drogheria Foresti
Via Martiri della Libertà
(in der Nähe der Loggia dei Cavalieri)

Diese Bottega ist die letzte in der Altstadt, die noch original die Aufteilung und Einrichtung einer Drogerie des 19. Jahrhunderts beibehalten hat: Holzregale, Schubkästen und ovale Dosen für Gewürze, Samen, Kräuter und Mehl, sowie wunderschöne Theken aus Wurzelholz. Wenn man das Geschäft betritt, werden Nase und Hirn angenehm betört von den blumigen und würzigen, süßen und stechenden Düften und Aromen der vielen Aufgußmischungen und Tees, Kräutern und Gewürzen, Parfüms und Potpourries, die aus allen Teilen der Welt kommen. Und die Liebhaber der lokalen Küche finden hier die »dosa« (eine raffinierte Mischung zum Würzen der Würste) sowie Quittenmus und Senf. Im Herbst gibt es »Quittenblüten«, bernsteinfarben und weich, und den Torroncino brûlé, traditionell in Vareser-Papier eingewickelt. Aber die Drogerie ist auch eine Fundgrube für exotische Düfte und Aromen. Deshalb wird sie von treuen Kunden »Der Garten des Sultans« genannt. Teresa und Mimmo ist es gelungen, der alten venetischen Tradition der Gewürzhandlung neuen Antrieb zu geben. Hier herrscht ein ständiges Kommen und Gehen von Trevisern (und auch Venezianern), die nach ihrem Urlaub in der Fremde die Gerichte nachkochen möchten, die sie dort probiert haben. Und es kommen natürlich auch die Ausländer, die hier leben und arbeiten: ausländische Sprachlehrer, nordafrikanische Straßenhändler, chinesische Restaurantbesitzer und junge Orientalen, Südamerikaner und Afrikaner. Sie wissen, daß sie hier die Zutaten für ihre Landesküche finden.

Vettoretti
Piazza Trentin, 19

Ein sehr gut sortiertes Lebensmittelgeschäft mit lokalen und anderen Spezialitäten. Hier bekommt man auch die Käse aus Carpenedo.

Wein

Bottiglieria Casa del liquore
di Mario Rossi
Via Municipio, 1

Spezialisiert auf Destillate und Grappa, aber auch eine gute Weinauswahl.

L'Enoteca Trevigiana
Viale IV Novembre, 62

Die bestsortierte Weinhandlung Trevisos mit Weinen und Destillaten aus Italien und Frankreich. Seit Ewigkeiten kümmert sich der sympathische Signor Mario um die Enoteca. Seine Söhne betreiben in der Nähe einen Großhandel für Wein und Likör.

Handwerk, Puppen und alte Spiele

Mangiafuoco
Via Riccati, 12

Paola und Satyam kreieren nach alten Techniken italienischer Meister Puppen und Marionetten aus Pappmaché, Holz und Stoff sowie Spiele aus Holz und Pappmaché, Zauberdosen, Theater, Masken und bezaubernde Karnevalskostüme, prunkvoll und originell (man kann die Stücke nicht nur kaufen, sondern auch ausleihen). Die Marionetten orientieren sich nicht nur an den Figuren der Commedia dell'arte, sondern vor allem an der Phantasiewelt der Kinder: Feen und Hexen, Elfen und Gnome, Gaukler und Clowns. Das Papier wird auf traditionelle Weise koloriert und »marmoriert«. Schön sind auch die Artikel aus der Buchbinderwerkstatt sowie das Notenpapier.

Wachswaren

Cereria Sorelle Torri
Piazza Duomo, 9

Alle Arten von Gemüse, Obst, Brötchen, Torten und Bonbons. Obwohl sie wirklich echt aussehen, sind sie nur Augenweide, denn sie sind aus Wachs. Schöne Objekte im Stil der Pop Art sowie Wachs und Kerzen in verschiedenen Formen und Farben.

Spielkarten

Dal Negro
Viale F.lli Bandiera, 1/3

In ganz Italien sind die Spielkarten »Le Trevisane« von Dal Negro mit Stichen von Antonio Nani (Mitte des 19. Jahrhunderts) bekannt. Man kann sie in jedem Tabakwarengeschäft finden.

Schmiedeeisen

Dante Negro
Gewerbegebiet von
Biban di Carbonera

Die Metallbearbeitung hat in Treviso eine lange Tradition: jahrhundertelang war hier die wichtigste Münzprägestelle Italiens. Besonders aktiv und hochentwickelt war die Eisenschmiedekunst, vor allem in den ersten Jahrzehnten dieses Jahrhunderts. Noch heute kann man es an den Geländern, Gittern und Wetterfahnen in der Stadt und in den Villen außerhalb der Mauern nachvollziehen. Der Meister ist augenblicklich Antonio Benetton. Er stellt seine Werke im Garten einer venetischen Villa in Marocco, in der Gegend von Moglaino, aus. Dort hat er die »Internationale Akademie für Schmiedearbeiten« gegründet. Schöne Objekte für den Garten gibt es bei seinem Schüler Dante Negro.

Kristallbearbeitung

Sandro Barbieri
Via Goldoni, 17

Einer der vielen Glasgraveure aus Treviso. Barbieri, der wie alle anderen von der Tradition Muranos kommt, aber an der Kunstakademie in Turin studiert hat, hat seinen persönlichen Stil entwickelt. Er kreiert moderne Objekte aus farbigem Glas, die auf dem Schleifstein und mit Diamanten originell graviert werden.

Italo Varisco
Via Nervesa della
Battaglia, 61

Weinreben, Blumen und Früchte sind die Lieblingsmotive von Italo Varisco (Erbe einer alten Traditionswerkstatt), die er in Karaffen, Krüge und Gläser graviert.

Türklinken

Pierre
Via Ferrarese, 10

Pierre gießt aus Bronze und Kupfer schöne Türklinken, Knaufe und Beschläge.

Glaskunst

Leandro Mattiuzzo
Via Tolpada, 12

In einer der charakteristischen Straßen Trevisos, wo Bogengänge und Häuser mit Fresken versehen sind, produziert Leandro Mattiuzzo in der vom Großvater geerbten Werkstatt wunderschöne bemalte Lampen und Glastüren in leuchtenden Farben. Er schneidet das mundgeblasene Glas, setzt es zu Mosaiken zusammen und verlötet es. Seine Werkstatt ist vor allem wegen der Jugendstilobjekte einen Besuch wert.

Geigenbauer

Liutaio
Via Monterumici, 16

Franco Simeoni hat seine Lehre in Cremona absolviert. Trotz seiner Jugend hat er sich dank der außergewöhnlichen Qualität seiner Violinen, Geigen und Violoncellos einen Namen gemacht. Er fühlt sich der Tradition und dem guten Ruf seines Handwerks in Italien verpflichtet.

Märkte

Piazza del Grano

Hinter der Porta San Tommaso, auf der sogenannten Piazza del Grano, und entlang der Stadtmauer wird seit Urzeiten jeden Dienstag und Samstag morgen Markt abgehalten. An den Ständen werden Korbwaren (die in den Häusern und kleinen Werkstätten in den Hügeln von Solighese und Felettano hergestellt werden), Utensilien aus Holz und Kupferwaren verkauft.

Antiquitätenmarkt

Am vierten Sonntag im Monat findet im Borgo Cavour gegenüber dem Museo Civico und hinter der Porta Santi Quaranta ein Antiquitätenmarkt statt. Hier finden Sie Objekte aus dem letzten Jahrhundert, aber auch Jugendstil und Modernes.

FAHRRADTOUREN

Alice im Wunderland
Viale Resistenza, 46
Paese

Dieser Reiseveranstalter ist spezialisiert auf Touren und Reisen mit dem Fahrrad, in Italien und im Ausland. Und natürlich auf Treviso und die Provinz. Hotelbuchungen, Gepäcktransport, Fahrradvermietung und fachkundige Führungen auf der gewünschten Route.

Auf dem Monte Grappa

Wer zwischen Juni und September auf dem Monte Grappa wandert, hat Gelegenheit, in den Almen Käse aus frischer Almmilch zu kosten. Zu den anderen Jahreszeiten kann man Almprodukte in den von uns aufgelisteten Geschäften finden.

Malga Paradiso
di Giovanni Ceccato
Höhe: 1325 m ü.d.M.
Laden: Via Molinetto
Crespano
Tel. 53 85 15

Hier werden hervorragender Morlacco, Ricotta und Butter produziert (während der Blütezeit ist sie gelb).

Malga Mure
di Narciso Gasparetto
Höhe: 1308 m ü.d.M.
Laden: Via Neville
Monfumo
Tel. 56 00 62

Diese Alm ist von niederen Mäuerchen eingezäunt und wurde kürzlich restauriert. Man kann hier übernachten (2 Kammern à 18 000 Lire, ohne Frühstück) und einen guten Morlacco, der nach Kohlröschen und gelbem Klee schmeckt, kosten. Oder auch gekochten Schiz mit Polenta, der aus der schmackhaften Milch der Burline hergestellt wird. Der Garten bietet köstliches Gemüse: Erbsen, Kohl, Bohnen, grüne Bohnen und Kartoffeln.

Malga Cason del Sol
di Antonio Basso
Höhe: 1276 m ü.d.M.
Ortsteil Val delle Mure
unterhalb des Col dell'Orso

Hier wird neben gutem Käse und hervorragendem Gemüse (Kopfkohl, Bohnen etc.) auch Honig produziert (die Bienen werden im Frühjahr von unten mit auf den Grappa gebracht).

Malga Archeson
di Arduino Bolzan
Höhe: 1457 m ü.d.M.
Laden: Via Gherla
Tel. 5 34 89

Bolzan bietet eine gute Küche mit Kümmelrisotto, Suppen und Frittate mit wilden Kräutern (die hier oben sehr intensiven Geschmack haben), Kaninchen oder korngemästetem Huhn mit wildem Thymian. Kammern mit zwei oder drei Betten.

Malga Farnea
da Rosso
Höhe: 740 m ü.d.M.
Laden: Modesto Sartor
Via Lastè, 10
Cavaso
Tel. 56 23 52

Wenn man von Cavaso (ca. 5 Kilometer) den Wegweisern zum Monte Tomba folgt, gelangt man hierher. Übernachtungsmöglichkeit. Soppressa, Formaggio cotto, geschmortes Huhn, gemischter Grillteller.

Weinstraßen des DOC

Abbazia di Nervesa
Via Arditi, 1
Nervesa
Tel. 0422 / 77 32 81

Mit dem Betrieb lebt nicht nur der Name der alten Benediktinerabtei von Sant'Eustachio Guerra fort, sondern auch der Geist, der dort herrschte. Und damit die Wiederaufnahme eines qualitätsorientierten Weinanbaus. Es ist eben jene sorgfältige Pflege der Weinfelder, mit neuen Chardonnay-, Cabernet Sauvignon- und Pinot-Nero-Gewächsen, die im Burgund ausgewählt wurden, die diesen Betrieb, der von zwei jungen, begeisterungsfähigen und unternehmungslustigen Weintechnikern geführt wird, charakterisiert. Francesco Serafini und Antonio Vidotto produzieren einen interessanten Merlot und Cabernet di Montello, fein, vollmundig, intensiv und von anhaltendem Duft; einen Prosecco del Montello Spumante, fruchtig, lebendig und heiter; einen Rosso dell'Abbazia aus Cabernet-Sauvignon-Trauben, von zartem und feinem Duft.

Venegazzù Vini
Via Martignago Alto, 24
Venegazzù
Tel. 0423 / 87 17 42

Überall bekannt wegen seiner Riserva, eines Verschnitts aus Cabernet Sauvignon, Cabernet Franc, Merlot und Malbec, dem wertvollsten Wein der gesamten Mark von Treviso. Er hat große Struktur und Feinheit, ist samtig, mit einem komplexen Bouquet, intensiv und warm. Aus einer Auswahl der besten Trauben dieses Venegazzù Rosso della Casa, die auf dem ältesten und sonnigsten Weinfeld des Gutes geerntet werden, wird der Capo di Stato Riserva gekeltert. Aus den Chardonnay- und Pinot-Nero-Trauben, die in den Hügelregionen des Betriebs angebaut werden, wird der elegante Spumante metodo classico, der Loredan Gasparini Brut, produziert, der vor Verkauf drei Jahre im Keller lagert.

Cantina Sociale Montelliana e dei Colli Asolani
Via Caonada, 2
Montebelluna
Tel. 0423 / 2 26 61 und 2 26 67

Dieser wichtige Bezugspunkt für alle Weinbauern der Gegend und Sitz der Genossenschaft qualifiziert sich immer mehr, indem er auf die typischen Sorten-Charakteristika setzt: das beweisen sowohl der Chardonnay als auch der Cabernet Sauvignon, der gut strukturiert und weich ist. Die Confraternità dei Vini del Montello e dei Colli Asolani hat dem Cabernet della Cantina für zwei aufeinanderfolgende Jahrgänge, nämlich 1990 und 1991, im Rahmen ihrer Initiativen zur Förderung der Produktionsqualität die begehrte Auszeichnung »Cabernet della Confraternità« gegeben. Wichtig ist auch die Preispolitik der Cantina Sociale: das Preis-Leistungs-Verhältnis ihrer Weine ist immer sehr gut.

Register